Crianza del recién nacido
Guía para el primer mes

Jeanne Warren Lindsay, MA, CFCS

y

Jean Brunelli, PHN, MA

Versión en español
de Argentina Palacios

Morning
Glory
Press

Buena Park, California

Crianza del recién nacido
(En inglés:*Nurturing Your Newborn*)
es parte de una serie de seis libros. Otros títulos son:
*Tu embarazo y el nacimiento del bebé: Guía
para adolescentes embarazadas* (En inglés*; Your Pregnancy and
Newborn Journey: A Guide for Pregnant Teens*)

El primer año del bebé: Guía para padres adolescentes
(En inglés*: Your Baby's First Year: A Guide for Teenage Parents*)

The Challenge of Toddlers: For Teen Parents

Discipline from Birth to Three

Teen Dads: Rights, Responsibilities and Joys

Información sobre la catalogación de esta publicación en la Biblioteca
del Congreso disponible si se solicita

ISBN 978-1-932538-39-7

MORNING GLORY PRESS, INC.
6595 San Haroldo Way   Buena Park, CA 90620-3748
714/828-1998   1/888-612-8254
http://www.morningglorypress.com
Impreso y encuadernado en los Estados Unidos de América

Índice de materias

Prólogo

Algo sumamente asombroso sucede al nacer un bebé. ¡Este pequeñísimo ser una vez oculto a la vista hace su entrada al mundo con mucho ruido y nada va a volver a ser como antes! Hay que darle de comer, cambiarle los pañales, darle baños y caricias. El peso de la responsabilidad para con tu bebé y la promesa del increíble potencial de lo que puede llegar a ser te llenará y te servirá durante la empresa más emocionante, maravillosa, agotadora y aterradora que jamás hayas experimentado. ¡Bienvenida a la maternidad!

En tus manos tienes un instrumento maravilloso. Jeanne Lindsay y Jean Brunelli han escrito esta guía para ti. Considérala como un mapa que te va a mostrar el camino durante las primeras semanas con tu bebé. Con los años de experiencia y relaciones continuas con padres jóvenes, Jeanne y Jean son expertas en comunicación con padres nuevos. Este librito te va a resultar sumamente valioso para descubrir las cualidades singulares de tu bebé. Después de todo, no hay dos bebés iguales—pero sí hay semejanzas. Cada uno tiene su personalidad individual y cada uno necesita amor total.

Recuerdo cuando fui madre primeriza. Tenía tanto miedo y aún así quería probar al mundo (especialmente a mi propia madre) que yo era perfectamente capaz de ser madre amorosa, la mejor madre posible. Sólo deseaba lo mejor para mi hijo, pero tenía tanto que preguntar y no sabía por dónde empezar. ¡Cómo me hubiera gustado tener entonces un libro como éste!

La Sra. Lindsay era mi maestra en ese tiempo y yo sabía que ella creía en mí en el momento en que yo ganaba confianza en mi habilidad maternal y practicaba para ser una gran madre. Yo quería saberlo todo y me preocupaba si no hacía las cosas "a la perfección". ¡Por fortuna, mi hijo nunca tuvo madre anteriormente, así que no podía compararme con nadie! Tú también vas a cometer errores – pero también vas a aprender como lo hice yo. Mi hijo se benefició con lo mejor de mí – mis dos pechos para amamantarlo, mis dos brazos para cargarlo y mi corazón entero para amarlo. ¡Yo mejoré como madre y, por supuesto, él fue perfecto como bebé!

Tu bebé es afortunado con su madre, porque tú tienes interés en saber más. Este libro es un buen lugar para empezar. Aprende todo lo que puedas sobre tu bebé. Lee lo más que puedas, observa a quienes consideres "buenas madres" cuando atienden a sus hijos e interactúan con ellos, haz un mundo de preguntas y no seas tímida para consultar con los expertos. Y después de hacer todo eso, si te parece que la información no tiene sentido, o no está de acuerdo con lo que tú sabes que es apropiado, confía en ti misma y sigue los dictados de tu corazón. ¡Después de todo, tú vas a ser la madre de tu bebé muchísimos años y tú amas a tu bebé sobre todas las cosas!

Teresa McFarland, R.N

A las madres y los padres jóvenes cuyos comentarios
sobre el amor y cuidado de sus criaturas
ofrece tanto a este libro.

Reconocimientos

Agradecemos de manera especial a los jóvenes citados en *Crianza del recién nacido*. Algunas de las citas también aparecen en *Tu embarazo y el nacimiento del bebé* y *El primer año del bebé* y a ellos también se les agradece en esas obras.

Los entrevistados especialmente para *Crianza del recién nacido* incluyen a:

Sophia Campbell, Karina Lopez, Monica Acosta, Maria Perez, Mia Tamargo, Philip Chapman, Mike Hernandez, Tiana Garcia, Carrie Martinez, Jasmine Turman y LaTasha B. Las citas se hacen con nombres ficticios.

Apreciamos las fotos que tomó David Crawford de sus estudiantes en la William Daylor High School, Sacramento, California, así como las fotos de Carole Blum. Jan Oehrke, consultora de lactancia, y Teresa McFarland compartieron sus experiencias, especiamente en el capítulo 2. Nuestro agradecimiento para ellas.

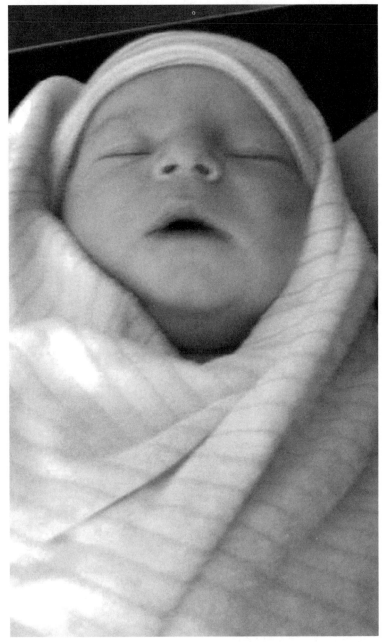

Tu bebé depende totalmente de ti.

1

A casa con tu bebé

- **Borroso por cansancio**

- **Establecer lazos con tu bebé**

- **¿Te sientes triste a veces?**

- **Incluir al papá**

- **Puedes sentirte frustrada**

- **Hacer algo para/por *ti* misma**

Cuando regresé a casa sólo quería dormir. Mi habitación era un desastre pero no me importaba para nada. Mi mamá me ayudó con el bebé.

Sumaire, 17 – Cassidy, 6 semanas

Tómate una siesta cuando lo hace el bebé. Eso sirve mucho. Yo casi nunca lo hacía porque tenía que lavar ropa, limpiar la casa, todas esas cosas. Pero cuando lo hacía, me sentía mucho mejor.

Zaria, 16 – Devyn, 3 meses

Una vez que lo aseaba y al fín lo tenía en los brazos, yo no podía quitarle los ojos de encima. Era hermoso.

Marina, 17 – Rudi, 1 semana

Borroso por cansancio

Esas primeras semanas con tu nueva bebé pueden parecer borrosas, una época de actividad constante y cansancio. A lo mejor tienes que darle de comer cada dos horas. Tal vez esté despierta casi toda la noche, para luego dormir casi todo el día.

A veces ando como zombi cuando él despierta por la noche. Le cambio el pañal, le doy de comer. A veces pienso: "¿No te puedes dormir y ya?" pero no puedo realmente pensar así, enojarme. Después se me pasa.

                                                                    Marina

Probablemente vas a estar terriblemente cansada cuando regreses del hospital a la casa. Estás cansada por el esfuerzo del parto y por el sueño interrumpido para dar de comer a tu bebé cada vez que tiene hambre. Además, puedes echarle la culpa a tus hormonas.

Los cambios hormonales que ocurren durante el embarazo están ahora cambiando al estado anterior al embarazo. Aun eso causa cansancio.

¿Te hicieron episiotomía (pequeño corte para agrandar la abertura vaginal)? De ser así, los puntos tal vez te duelan los primeros días. Las mamás a quienes hacen cesárea se recuperan más lentamente que las que tienen parto vaginal.

Una vez que mi cuerpo sane completamente, las cosas van a ser más fáciles. Me tomaron dos puntos y me duele cuando me siento, cuando voy al servicio. Todo toma tanto tiempo.

                                                                    Marina

Vas a sangrar algo más o menos dos semanas. De vez en cuando te pueden salir coágulos de sangre. Éstos son del área donde se separó la placenta del útero. Si después de varios días la sangre sale todavía de color rojo vivo, consulta con tu proveedor de atención médica.

Usa toallas sanitarias en vez de tampones después del parto. Los tejidos están tan delicados que un tampón puede adentrarse mucho en la vagina; si esto ocurriese, te verías en gran dificultad para sacarlo. Hasta podría resultar una infección y podrías enfermarte de manera seria.

Si estás dándole de mamar, especialmente, es una buena idea seguir tomando las vitaminas prenatales. Así evitarás una anemia y acelerarás la recuperación.

La temperatura te puede cambiar cuando las hormonas cambian. Siempre que te sientas mal, tómate la temperatura. Tal vez tienes una infección y tienes que llamar a tu proveedor de atención médica.

De cuatro a seis semanas después del parto tienes que ver a tu proveedor de atención médica. *Asegúrate* de ir a la cita. Éste es un examen para ver cómo está tu salud y asegurar que te estás recuperando bien del embarazo y parto. Si aún no han hablado sobre control de la natalidad, éste es un buen momento para hacerlo.

A nosotros nos gustaría tener otro bebé cuando estemos en nuestra propia residencia y con empleos, realmente asentados—tal vez en un par de años. Voy a usar el parche.

Allegra, 17 – Navaeh, 6 semanas

Si no quieres tener otro bebé enseguida, pregúntale sobre el parche, Depo-Provera, las píldoras anticonceptivas y otros métodos. Luego decide cuál es el que más te conviene.

Establecer lazos con tu bebé

Le hablo y la acaricio. A ella le gusta eso. Me fija la mirada hasta que le hablo y entonces me sonríe. Yo sólo quiero verle la sonrisa. Eso me hace feliz.

Allegra

Al establecer lazos con tu bebé, muchas veces vas a sentir como que te estás enamorando. Probablemente vas sentir una oleada de amor, esto es el enlace. Sin embargo, a veces una mamá no siente ese lazo fuerte con el recién nacido que otras mamás parecen sentir. Si las cosas no andan tan bien como ella quisiera, puede serle más difícil establecer ese fuerte lazo con el bebé.

¿Qué estimula este enamoramiento? Darle de comer, tenerlo en los brazos, alardear con las amistades, mostralo a otras personas. Probablemente eso te hará sentir intensos sentimientos de amor.

Al principio, si le hablas, sonríes e interactúas con tu bebé, puede parecer como que no te pone atención. Sin embargo, es sumamente importante que le hables desde el día que nace. Cuando le hablas, el bebé aprende a confiar en ti y el resto de su mundo. El hablarle ahora también le servirá para desarrollar el lenguaje más adelante.

> **Importante:** Acuesta siempre a tu bebé de espalda a la hora de dormir. Los bebés que duermen de espalda tienen menos posibilidades de sufrir de SIDS (las siglas en inglés para "síndrome de muerte infantil repentina").

¿Te sientes triste a veces?

¿Frustraciones? La primera noche cuando no durmió y cuando le dio cólico. A veces por la noche se pone intranquila y quiere que la meza para dormir. Cuando me siento frustrada, le digo a mi novio que se la lleve. O si no, trato de calmarme porque sé que las cosas no funcionan si me siento frustrada.

                                                        Allegra

Casi todas las mamás jóvenes piensan, a pesar de su cansancio, que *deben* sentirse completamente encantadas con este nuevo bebé. Pero muchas están descontentas por lo menos de vez en cuando durante las primeras dos semanas. Si esto te sucede a ti, debes saber que no eres la única.

Por lo menos la mitad, tal vez el 80 por ciento, de las madres sienten esta melancolía después del parto. Tal vez te entristece pensar en todo el trabajo que requiere un bebé y lo atada que estás con esta pequeña criatura indefensa. Pero, si estás melancólica, también existe un motivo físico. Tu cuerpo se está ajustando a no estar embarazada. Tus hormonas están trabajando a todo dar para olvidarse de esos nueve meses de embarazo. Por eso a veces puedes sentirte confusa.

La primera noche fue bien difícil. Navaeh no durmió ni una pizca, ni siquiera diez minutos. Yo estaba realmente frustrada. Después vino mi suegra para ayudarme. Por la mañana se llevó a Navaeh para que mi novio y yo pudiéramos dormir.

Allegra

Si puedes conseguir ayuda con el cuidado del bebé, tu melancolía posparto tal vez no sea tan fuerte. Lo más importante es que hagas tiempo de alguna manera para hacer algo que quieras hacer para ti misma. ¿Puedes salir un par de horas? ¿Tal vez a las tiendas o al cine? Te sentirás mejor si lo haces.

Aún salir un rato con el bebé puede servir. Un cambio de panorama puede hacerlos sentirse mejor a los dos.

Tienes que dormir cuando el bebé duerme.

Es importante compartir tus sentimientos con alguien.
Cuando uno se guarda el descontento, lo más probable es que
se sienta peor.

Haz el esfuerzo por buscar ayuda cuando la necesites.
Debes saber que tienes el derecho a terminar tus estudios
escolares y que podrías tener derecho a recibir cupones de
alimentos y ayuda financiera.

Entérate lo más posible sobre oportunidades de
capacitación para empleo, servicios de guardería, programas
útiles de las iglesias, programas sociales y otras posibilidades
de respaldo en el área. Tu profesora, tu proveedor de atención
médica o trabajador social pueden proporcionarte información
útil. Llama a tales personas.

Debes saber que no eres anormal si, aun cuando miras a tu
hermoso bebé, te sientes triste. Eres normal y pronto te vas a
sentir mejor.

Sin embargo, si te sientes deprimida por más de un par de
semanas, tu situación puede ser más seria. De ser así, tienes
que consultar con tu proveedor de atención médica sobre otras
clases de ayuda.

Incluir al papá

Si estás con el padre de tu bebé, sea o no sea que estén
casados o que vivan juntos, estimúlalo para que participe en la
atención del bebé. Cuando él lo hace, todo el mundo gana. Tú
vas a tener parte de la ayuda que necesitas para el bebé.
Mientras más atienda el papá al bebé, más pronto establecerá
lazos con su hijo. Tu bebé gana porque tiene madre y padre,
dos que lo aman.

Como mamá, ten cuidado de no sugerir de palabra o acción
que tú eres la única que sabe qué hacer cuando el bebé llora.
Si criticas a tu esposo/novio, muy pronto decidirá que la
atención del niño es asunto exclusivo tuyo, que él no tiene que
compartir. Puede pensar que a él no lo necesitan y que queda
fuera de todo el asunto de la crianza.

Tal vez él no ha tenido mucha experiencia con criaturas pequeñitas. Si pareciera como que tiene temor de hacer mal las cosas, enséñale a cambiar el pañal, a dar de comer y a mecer al bebé. Con práctica, puede que se ajuste a la situación.

Un hogar tranquilo es importante para un bebé. Si tú y tu pareja u otro miembro de la familia no se llevan bien, el bebé va a sentir la tensión. Jeanne, 16, madre de Eric, de dos meses, lo explica:

La vida en familia tiene mucho que ver con un niño. Si yo estoy tensa, él también lo está. Si hay mucha gritería, le molesta al bebé. A veces Mike y yo peleamos, pero no lo hacemos frente a Eric. Es malo hacer eso porque puede sentir la tensión y eso no es bueno para él.

Uno pensaría que un bebé de dos meses no sabe nada, pero sí saben. Si lo oyen pelear a uno, es malo.

Puedes sentirte frustrada

A veces Jesse se ponía muy intranquilo esas primeras semanas. Dios mío, a veces me dan ganas de levantarme y marcharme porque estoy tan cansada de no poder hacer lo que quiero.

Estoy tratando de no sentirme así, pero no puedo evitarlo. Me pregunto: ¿Están equivocados? ¿Soy una madre horrible por pensar así? Ojalá que no.

Frederica, 16 – Jesse, 5 meses

Por supuesto que Frederica no es una madre mala por sentirse así. Casi todos nos sentimos más tensos cuando el bebé llora más fuerte. El problema es entonces que el bebé siente la tensión en los padres y se pone aún más intranquilo.

Sacarse la frustración propia haciéndole daño al bebé es absolutamente incorrecto. Ciertos padres recurren al abuso infantil. Tal vez has oído a un padre o una madre gritarle a un niño llorón: "Si no dejas de llorar te voy a pegar". Ésa no es una actitud muy sensata, ¿verdad? No le sirve al padre o a la madre y definitivamente no le hace sentirse mejor al niño.

A veces al padre o a la madre le pueden dar ganas de sacudir al bebé. Sacudir es absolutamente lo peor que se puede hacer. Una sacudida puede dañarle el cerebro a un bebé. Ten cuidado de que nadie *jamás* sacuda a tu bebé.

Si te pones nerviosa porque el bebé llora y llora, trata de relajarte porque eso le sirve. Trata de pensar en algo que te gustaría hacer o imaginar que estás en un lugar favorito. Tu bebé puede relajarse si tú te relajas.

Cuando Devyn llora y llora y llora, yo me enojo. Entonces le canto y todo se arregla. Cantar alivia la frustración.

Zaria, 16 – Devyn, 3 meses

A veces tu bebé llora porque no se siente bien. ¿Tiene fiebre? Lee el capítulo 5 que trata de cosas que se pueden hacer cuando no se siente bien.

Si tu bebé toma biberón, mamadera, o mamila y llora mucho, tal vez es que la fórmula no le cae bien. Habla con tu proveedor de atención médica. Tal vez te puede recomendar otra fórmula.

A medida que vayas conociendo a tu bebé, irás encontrando otras maneras de que sienta bienestar.

Hacer algo para/por *ti* misma

Todas las madres (y los padres) tienen que aprender las distintas maneras de enfrentarse a las tensiones. A veces significa que alguien te da una mano. Puede ser dejar de lado las labores domésticas e irse a visitar a una amiga para cambiar la rutina. A veces puede ser una llamada a una línea telefónica de ayuda. Toda madre va a sentirse así al menos de vez en cuando.

¿Qué puede hacer una mamá cuando se siente tensa y frustrada y no hay nadie que pueda encargarse del bebé? Lo mejor podría ser acostar al bebé en su cuna donde está sano y salvo, luego alejarse por unos cuantos minutos. A veces esto es mejor para el bebé que cuando la mamá trata de hacer más de lo que puede hacer en ese momento. (Por supuesto que *nunca* dejarás a tu bebé solo en una casa o apartamento donde no se encuentra ninguna otra persona.)

A pesar de lo mucho que quieras a tu bebé, seguramente que te sentirás molesta con él de vez en cuando. No te sientas culpable. A veces una mamá sabe que tiene que salir, pero se siente culpable y no hace nada. Pero a veces es necesario, especialmene para una madre soltera que no puede darle un codazo al padre y decir: "es tu turno".

Si vives sola, ¿puedes pedirle ayuda a tu vecina cercana de vez en cuando? Planea una manera de salir cuando sabes que lo necesitas.

Hacer ejercicio puede servir para aliviar la tensión. Los ejercicios prenatales que aprendiste durante el embarazo no te van a hacer daño ni a ti ni a los puntos. Tampoco lo harán las técnicas de relajación que practicaste durante el embarazo. No debes hacer ejercicios más vigorosos sino hasta después que ya no sangres. Deja de hacer ejercicio y descansa si te empiezas a sentir medio mareada.

Si tu bebé necesita estar en brazos y tú tienes cosas que hacer, consigue un portabebé de cabestrillo ("canguro"). Así puedes llevar a tu bebé en el pecho. Así puede estar junto a ti aun cuando estés usando las manos para otras actividades.

Cuando tu bebé viaje en el auto, por supuesto, *tiene* que ir en su asiento especial en el asiento trasero del auto con la cara hacia atrás del vehículo. Llevar a la criatura en los brazos cuando uno anda en el auto *no* ofrece seguridad alguna para la criatura.

Ciertos padres consideran que el primer mes con su bebé es casi fácil porque el bebé duerme la mayor parte del tiempo. Otros dicen que esas primeras semanas son las más difíciles. Te sientas como te sientas, ama a tu bebé, dale toda la atención cuando la necesite, pero no te olvides de atenderte a ti misma. Después de todo, *¡tú eres la persona más importante para tu bebé!*

Dar el pecho es lo mejor para el bebé y la mamá.

2

Alimentación y cariño para tu recién nacido

- Unas mamás prefieren amamantar/ dar el pecho
- Los bebés amamantados pueden ser más sanos
- Primeras técnicas para la lactancia
- Que el bebé fije la hora de comer
- Obtener ayuda si la necesitas
- ¿Qué o cuánto es suficiente?
- Atención a ti misma
- Dar el pecho/amamantar corto tiempo
- Tal vez prefieras el biberón/la mamadera/la mamila
- Hacer eructar al bebé
- El biberón/la mamadera/la mamila no se debe recostar
- Puede que necesite chupete/mamón
- Suplementos de vitaminas/minerales
- WIC para ayudar con gastos de alimentos

Dar el pecho es muy conveniente. Cuando voy a algún sitio, siempre me saco leche porque casi siempre le doy el pecho. Una vez probé con fórmula, pero Patty la escupió.

Le doy el pecho porque dicen que eso es bueno para los bebés. Pero también es muy conveniente y ahorra dinero. No tienes que calentar el biberón.

Beth, 18 – Patty, 3 semanas

Yo quería que tuviera lo mejor desde el principio. Yo no tenía ni casa ni patio para que jugara pero podía darle el pecho. Ella se merecía. Lo mejor para empezar la vida.

Zandra, 16 – Dakota, 1 mes

Unas mamás prefieren amamantar/dar el pecho

Siento que tengo buenos lazos con Jenilee. Me parece que es porque le di el pecho. Cuando llora, yo soy quien la toma en brazos, le da de comer y ella se siente mejor. Me fija la mirada como que ya me quiere.

Lacey, 16 – Jenilee, 1 mes

Una decisión importante que tal vez ya has tomado es la de dar el pecho o amamantar o si no, darle biberón, mamadera o mamila. Si has decidido dar el pecho, por lo menos un corto tiempo, éstos pueden ser tus motivos:

• Sabes que es lo mejor para tu bebé

• El bebé posiblemente se enferme menos si le das el pecho

• Amamantar es menos costoso que comprar fórmula

• Una vez que el bebé y la mamá se acostumbran, amamantar es más fácil para la mamá. (No hay biberones que esterilizar, ni fórmula para preparar, ¡y no tienes que calentar mamadera o mamila alguna!)

Una mamá joven me dijo que dejó de intentar dar el pecho estando en el hospital porque sus senos no producían "leche". Al menos, a ella no le parecía "leche".

Me hubiera gustado que supiera sobre el calostro, la "leche" que sale de los senos los primeros días después del parto. Ésta es una "súper" leche, de bajo volumen y alta nutrición. Es una sustancia amarillenta que contiene agua, algo de azúcar, minerales y muchos anticuerpos importantes. El calostro tiene grasa y calorías altas, así que la poca cantidad disponible para el bebé es adecuada. ¡No necesita biberón, mamadera o mamila con fórmula!

Aunque le des el pecho al bebé sólo unos cuantos días, está bien porque el calostro le da cierta protección contra enfermedades.

Si tus senos son pequeños, no te preocupes. La cantidad de leche que produces depende de la frecuencia con que mama el bebé. Si tienes los pezones planos o invertidos, hacer que el bebé se pegue puede ser difícil. Pero una vez que lo haga, todo saldrá bien. Si existe ese problema por los pezones invertidos, ponte algo frío, como un cubo de hielo o una toallita fría, antes de darle de mamar. Esto puede servir.

A lo mejor has oído decir que amamantar hace caer los senos. No, esto no debe suceder, aunque los senos sí se agrandan durante el embarazo. Un brasier, sostén o sujetador con buen soporte durante el embarazo y la lactancia ayuda a prevenir la caída de los senos.

Si el papá está contigo, dile que no se debe sentir excluido cuando das el pecho. Explícale que cuando se amamanta a un bebé se le da lo mejor para empezar la vida. El papá puede ayudar con todas las otras tareas que requiere el cuidado del bebé. Él puede bañarlo, cambiarle los pañales y jugar con su bebé. Recuérdale que muchos bebés necesitan cariño y caricias cuando no están mamando.

Los bebés amamantados pueden ser más sanos

Dar el pecho es mucho más fácil comparado con una amiga de mi mamá que tuvo un bebé más o menos cuando yo tuve a Stevie. Ella le está dando mamadera. Él ya se ha resfriado tres veces y Steve no se ha resfriado ni una vez. El bebé de ella también llora mucho.

Alison, 18 – Stevie, 2 meses

¿Sabías que los bebés amamantados tienden a ser más sanos que los amiguitos que toman mamadera? Un bebé amamantado por lo general no se resfría. Eso es una verdadera ventaja. Sólo imagina la dificultad para un bebé pequeñito que no puede respirar bien porque no se puede soplar la nariz. Eso es difícil tanto para la mamá como para el bebé.

Amamantar no es garantía contra resfriados ese primer año.

Y ciertos bebés que toman biberón tal vez no se resfrían esos primeros meses. Lo único que sabemos es que los bebés amamantados tienen *menos posibilidad* de enfermarse que sus amiguitos que toman biberón. Tienen menos posibilidades de alergias, dolores de oído, diarrea, estreñimiento o caries dentales. Dar el pecho también sirve para el desarrollo del cerebro del bebé.

Si te resfrías o te da influenza, ¿debes continuar dando el pecho a tu bebé? *¡Sí!* Si se enferma, la leche materna tiene suficientes anticuerpos que le van a ayudar a recuperarse rápidamente.

Cuando estabas embarazada, tal vez no tomaste una decisión firme sobre la manera de darle el alimento—pecho o mamadera. Realmente, eso no es problema. Si le diste el pecho al bebé sólo unos cuantos días, va a recibir el magnífico calostro. Si decides que amamantar no te conviene, puedes cambiar a biberón.

Tal vez has decidido que prefieres darle mamila a tu bebé. Está bien. Sobre todo, no te sientas culpable. Sin duda que puedes ser una "buena" madre, con cualquiera de los métodos que elijas.

En unos pocos casos, es mucho mejor que la mamá le dé mamadera. Si fuma mucho, si es drogadicta, o si tiene el virus de VIH (HIV en inglés) que produce SIDA (AIDS en inglés), la mamá no debe darle el pecho. Las drogas y la nicotina pasan al bebé por intermedio de la leche. Tal vez sólo tomas una medicina de receta. Sin embargo, tienes que preguntarle a tu proveedor de atención médica si tal droga puede afectar la lactancia.

Ni siquiera tomes medicamentos sin receta cuando estés dando el pecho. Pueden afectar la leche y a tu bebé.

Primeras técnicas para la lactancia

Sostén al bebé de lado con la cara hacia ti cuando empieces a darle el pecho. La barriguita debe estar frente a la tuya. Para

prepararlo, tócale el labio inferior con el dedo o con el pezón.
El reflejo de chupar o mamar se encuentra presente al nacer.
Cuando le tocas el labio, abre la boca. En ese momento,
llévalo al pezón. Asegúrate de que el labio inferior esté
curvado hacia afuera. Si no, estírale la barbilla un poquitito.

Pegarse: Se dice para indicar que el bebé
tiene el pezón en la boca.

La mayor parte de la aréola (el área oscura alrededor del
pezón) debe estar en la boca del bebé cuando mama. Allí es
donde se acumula la leche. Si se pega de la manera debida, no
te deben doler los pezones.

*El lunes tuve una cita médica para la lactancia. Estábamos
allí cuatro con nuestro respectivo bebé y la doctora nos hizo
demostrarle cómo damos el pecho. Yo creía que se estaba
pegando, y no me dolía mucho, pero él lo estaba haciendo
mal. La doctora le hizo abrir la boca bien abierta y entonces
le empujó el pezón muy adentro. La sensación fue totalmente
diferente. De repente no me dolía lo más mínimo.*

Marina – 17, Rudi, 1 semana

Si el bebé mama sólo al borde del pezón, te va a doler.
Tampoco va a sacar mucha leche. Para evitar este dolor,
asegúrate de que el bebé abra la boca bien abierta sobre la
aréola. Amamanta unos minutos de cada lado cada vez durante el primer día o los primeros dos. Después, amamanta
todo lo que el bebé quiera.

Cuando das el pecho no tienes que esconderte en la
habitación. Tu bebé quiere comer cuando tiene hambre. A un
bebé le resulta más difícil esperar que a ti. Sólo tienes que
echarle una manta o cobija encima y ya estás lista para darle
el pecho en casi cualquier sitio.

*Una vez estábamos en un partido de béisbol de Mike y yo
me fui al auto a dar de comer a Eric. Cuando Mike y sus*

amigos regresaron, yo lo tenía cubierto con una manta mientras le daba el pecho. La reacción de ellos fue decir "¡chis, está dormido!" Por mi parte, sonreí y asentí.

Jeanne, 16 – Eric, 2 meses

Que el bebé fije la hora de comer

Los bebés pequeñitos tienen que comer cuando tienen hambre. Faltan muchos años para que sepan la hora, de modo que sus dolores de hambre *no* están de acuerdo con el reloj. Sencillamente, tienen hambre cuando tienen hambre. ¡Y *no* lloran para ejercitar los pulmones! (El simple acto de respirar les da mucho ejercicio.)

Durante los primeros meses, cuando tu bebé llora es casi siempre por hambre. Primero ofrécele el pecho o una mamadera. Si no tiene hambre, por supuesto que no le debes forzar a comer. Lo que tienes que hacer es buscar otras causas que pueden ocasionar el llanto, como los pañales mojados o sucios. Pero primero debes ofrecerle el pecho o fórmula.

Durante el primer mes o algo así, le darás de comer al bebé por lo menos 8-12 veces en 24 horas. Hasta tendrás que despertarlo de vez en cuando para eso durante las dos primeras semanas. Recuerda que si come cada 2 – 21/2 horas durante el día, es muy probable que duerma más tiempo por la noche sin despertar.

Si le ofreces primero el pecho izquierdo una vez, la próxima vez empieza con el derecho para que saque toda la leche de los dos senos. Esto es importante porque así las glándulas mamarias "saben" que tienen que producir leche de ambos lados.

Sugerencia: Coloca un alfiler de pañal al tirante de tu brasier o sostén del lado que el bebé ha mamado. Así recordarás el lado de empezar la próxima vez.

Dale de comer al bebé a la primera señal de hambre, tal como más actividad, mover los labios o chupar. No es necesario esperar a que llore ya que esto podría dificultarle la lactancia.

Mientras más a menudo le des el pecho más leche vas a producir. Como ya hemos dicho, pegarse bien previene el dolor en los pezones.

Si los pezones te duelen, mantenlos secos y al aire. Frota cada pezón con un poquito de leche cuando terminas de darle el pecho al bebé. Evita cremas y lanolina. Cuando el dolor es constante, busca ayuda.

Durante la primera semana después del parto te vas a sentir los senos pesados y llenos. Esto va a suceder ya sea que le des el pecho o el biberón al bebé. Si le das de mamar, te vas a sentir mejor dentro de uno o dos días. Con una toallita tibia, prueba a darte un masaje en los senos antes de darle el pecho. El masaje durante la lactancia también sirve.

Le era difícil pegarse cuando mis senos estaban hinchados. Cuando llegué a la casa, se despertaba cada hora u hora y media para comer y eso era difícil. Casi que me di por vencida, pero no lo hice. Al principio frustra, pero si uno persiste, es mejor para él. Muy pronto aprendió a pegarse.

Tiana, 15 – Francisco, 3 meses

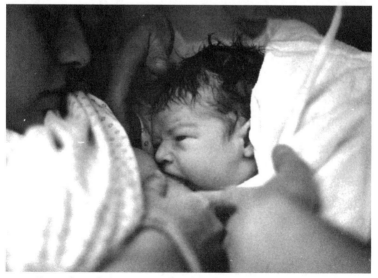

Dar el pecho aumenta los lazos entre mamá y bebé.

Si tienes el pecho muy lleno o especialmente duro, al bebé le va a ser difícil pegarse. Si te extraes con la mano o te sacas un poquito de leche primero va a ser más fácil para el bebé. Esto suaviza la aréola para que el bebé se pegue con más facilidad. Toda leche que te extraigas se puede congelar para usar más adelante.

Una bolsa de hielo bajo las axilas puede aliviarte los senos si siguen adoloridos después de darle el pecho. Eso es porque el tejido de los senos empieza allí. O si no, prueba con una ducha tibia y un masaje de senos.

Tal vez vas a notar que los senos te gotean un poquito de leche entre una lactancia y otra. De ser así, puedes protegerte la ropa con pañitos desechables o de tela que puedes comprar. Los pañitos hechos en casa son igualmente buenos. Corta pedazos de un pañal de tela en cuadrados de tres pulgadas. Cose varias capas juntas, luego póntelas en el brasier o sostén cuando sea necesario. Son fáciles de lavar.

Tan pronto como el bebé deja de mamar en un pecho, ayúdale a eructar. Lo más fácil es ponértelo sobre el hombro y darle golpecitos suaves en la espalda. Los bebés amamantados tienden a eructar menos que los que toman mamila.

Para que el amamantamiento resulte bien, es conveniente que el bebé no tome biberón por lo menos durante el primer mes. Esto da la oportunidad para que tus pechos y tu bebé se acoplen a la lactancia.

Después de seis semanas, tal vez decidas darle al bebé su mamadera de vez en cuando. Puede ser que un caso de urgencia no te permita estar presente. Esto le da a la abuelita y al papá la oportunidad de dar de comer al bebé.

Recuerda que tus pechos producen más leche sólo si los estimula la lactancia del bebé –o si te sacas (exprimes, extraes) leche con la mano o con una bomba de pecho.

Obtener ayuda si la necesitas

En el hospital no se pegaba y cuando lo hizo, sólo tomaba el pezón y eso me dolía mucho. Pero ya en casa, tomó la onda y yo también. Entonces todo salió muy bien.

Allegra, 17 – Navaeh, 6 semanas

Si tu bebé parece como que no quiere mamar al principio, quítale toda la ropa menos el pañal. Después, acércala a ti. Con mucho contacto de piel a piel un bebé se da cuenta de lo que tiene que hacer. Acúnala y trata de echarle un poquito de leche del pecho a la boca. Si aún así no mama, no se te ocurra darle mamadera porque ésa no es la solución. De esa manera se puede confundir.

O alguien puede sugerir que no produces suficiente leche para tu bebé y que debes cambiar a fórmula. *Debes saber que casi todas las mamás primerizas pueden dar el pecho con buen resultado.* Si las cosas no funcionan para ti y tu bebé, llama a tu proveedor de atención médica y pide ayuda de lactancia. No preguntes si debes dejar de dar el pecho.

Ciertas oficinas de WIC tienen apoyo de consejeras que amamantan. Es posible que alguien especializada en lactancia, de la oficina del proveedor de atención médica, te ayude.

El capítulo de La Leche League en tu comunidad (si lo hay) es otra buena fuente para aconsejar sobre lactancia. La Leche League es una organización de madres que dan el pecho. Un grupo local por lo general tiene una serie de reuniones en donde se trata de la autoayuda para amamantar. Los miembros están disponibles para ayudarse mutuamente con preguntas o problemas relacionados con la lactancia.

Se puede buscar el número de La Leche League en la guía telefónica local. O si no, se puede llamar a la maternidad del hospital local para información sobre el capítulo local de LLL. Después llama a la League para enterarte de reuniones que pueden interesarte. Si tienes problemas para dar el pecho, generalmente puedes obtener ayuda si llamas por teléfono.

¿Qué o cuánto es suficiente?

Si tú estás dando el pecho, tu bebé te va a "decir" que no está recibiendo suficiente leche. Obtiene suficiente cantidad si:

- Moja por lo menos de seis a ocho pañales diariamente y
  tiene varias evacuaciones suaves/sueltas una semana
  después de nacer.
- Parece satisfecha por lo menos durante una o dos horas
  después de cada comida.

Tu bebé puede dar la impresión de que tiene mucha hambre
cuando tiene una o dos semanas, otra vez a las seis semanas y
a los tres meses. En esos momentos necesita más comida y a ti
te parece que no tienes suficiente leche para darle.
Probablemente tienes razón.

Sin embargo, éste *no* es el momento de sacar el biberón. La
solución es sencillamente darle de mamar con más frecuencia.
Esto le da la señal a tus pechos para que produzcan más leche.

Tu bebé controla tu provisión de leche. Usualmente, se
requieren unos dos días de lactancia más frecuente para
producir más leche. Entonces tu bebé volverá a amamantar
con menos frecuencia. También va a estar más contenta.

Tu bebé amamantado no necesita agua adicional o ninguna
otra clase dé alimento los primeros cuatro a seis meses, de
acuerdo con la American Academy of Pediatrics (la academia
de pediatría).

Atención a ti misma

*Paula sólo llora si tiene hambre o calor, o si se siente sola.
Anoche se despertaba cada 15 minutos. Quería estar en mis
brazos hasta que se durmiera.*

*Dar el pecho está dando resultado. No tuve mucho dolor,
sólo el segundo día cuando me llené de leche. Una vez le di
un poquito de agua, pero parece como que no la necesita
porque está tomando el pecho.*

Deanna, 15 – Paula, 3 semanas

Cuando atiendes a tu bebé, es de especial importancia que
te atiendas a ti misma. Cuando estás dando el pecho, es
extraordinariamente importante que comas los mismos
alimentos nutritivos necesarios durante el embarazo.

Necesitas unas 500 calorías extra todos los días. Un sándwich y dos vasos más de leche, además de tu nutritiva dieta "regular," deben ser suficientes.

También debes beber suficiente líquido. Diariamente necesitas de 8 a 12 vasos de agua, leche, jugos de frutas, etc., así que debes beber cada vez que tengas sed. "Líquido" es una palabra clave.

No tienes que beber leche para producir leche materna. Si te gusta o puedes beberla, inclúyela como parte de tu líquido. Si no, puedes obtener el calcio de otras fuentes como verduras de hoja y jugo de naranja o china fortificado.

Es mejor para el bebé que tú limites el café, té y sodas o gaseosas a dos tazas al día. Evita las bebidas con cafeína. Toma las versiones descafeinadas.

Cuando amamantes a tu bebé, siéntate (o reclínate) en un lugar cómodo. Alza los pies y disfruta de tu bebé. Bébete uno de esos tantos vasos de líquido que necesitas diariamente.

Aprende a relajarte mientras das el pecho al bebé. La leche fluye más fácilmente si tú estás relajada. ¡El bebé se complacerá!

Es absolutamente imprescindible descansar lo suficiente si estás atendiendo a tu pequeño bebé. La producción de leche es mejor cuando tú estás descansada. Aun si le estás dando mamila, tu bebé no necesita que su madre esté agotada. *¡Cuídate a ti misma!*

Dar el pecho/amamantar corto tiempo

Tal vez quieras dar el pecho unos cuantos días porque sabes lo bueno que es el calostro para tu bebé. Si después decides darle fórmula, tanto tú como tu bebé se adaptarán mejor si no cambias de un golpe del pecho a la mamadera.

Paré poco a poco. Le daba el pecho cuando despertaba a las 5 a.m. porque me era más conveniente. No tenía que pararme e ir a preparar el biberón. Al principio, le daba el biberón en la escuela, entonces le daba el pecho en la casa.

Después empecé a producir menos leche así que todo resultó bien.

Adriana, 18 – Rachel, 3 meses

Adriana fue muy sensata al dejar de amamantar gradualmente. Cambiar de darle el pecho a la mamadera de un tirón es difícil para el bebé y para la mamá. Si un día decides, así sin más, que no vas a amamantar, tu cuerpo continúa produciendo leche un cierto tiempo. Los senos te van a doler y se te pueden infectar.

Es muchísimo mejor darle biberón una vez durante varios días, luego ir recortando hasta que todas las comidas sean de mamila. Ambos se van a ajustar a este cambio mucho mejor si el cambio se hace gradualmente.

Tal vez prefieras el biberón/la mamadera/la mamila

La mamadera me pareció normal. Yo fumaba mucho y me dijeron que no debía darle el pecho porque le pasaría la nicotina a Mona.

Ellie, 17 – Mona, 11 meses

Si decides dar biberón, puedes usar fórmula ya preparada, concentrada, o en polvo. La preparada es la más cara y más fácil de usar. Cualquiera que sea la fórmula que uses, sigue al pie de la letra las instrucciones para mezclar. Ten cuidado de que los biberones y los mamones/chupetes estén absolutamente limpios. Hierve el agua y déjala enfriar antes de mezclarla con la fórmula concentrada o en polvo. O si no, puedes usar agua embotellada. *Asegúrate de que la proporción de fórmula a agua es correcta.*

Prueba siempre la temperatura de la fórmula antes de darla al bebé. Los bebés probablemente la prefieren tibia.

De vez en cuando, inspecciona el tamaño de los hoyitos del mamón o chupete. Deben ser sólo lo suficientemente grandes para que la fórmula gotee lentamente del biberón cuando se

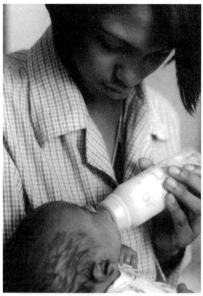

Sostén a tu bebé siempre cuando le das de comer, sea el pecho o el biberón.

sostiene de arriba hacia abajo. Si la fórmula sale muy rápido es porque los hoyitos son muy grandes. No podrá chupar cuando bebe. Lo único que se puede hacer es comprar mamones/chupetes nuevos.

Ciertos bebés son alérgicos a la leche de vaca. Pregunta al proveedor de atención médica si tu bebé parece tener problemas. Probablemente va a recetarle una fórmula a base de frijol de soya en polvo.

Calentar la mamadera en el horno de microondas es peligroso. La mamila puede sentirse fresca, pero la fórmula que contiene puede estar demasiado caliente y quemar al bebé.

Hacer eructar al bebé

Usualmente le doy seis onzas y lo hago eructar cuando se ha tomado dos. Me pongo un trapo sobre el hombro izquierdo. Le doy golpecitos en la espalda y lo froto hacia adelante.

Si tiene mucho cólico y mal humor, lo acuesto boca abajo y lo hago eructar en esa posición.

Chelsea, 19 – Clancy, 2 meses

Ciertos bebés necesitan eructar varias veces durante una comida mientras que otros no quieren o no necesitan la interrupción. Tienes que ser sensible a las necesidades de *tu* bebé. Varias posiciones para eructar dan resultado:

- Sostenida erecta contra tu hombro.
- Sentada en tu regazo.
- Boca abajo horizontalmente sobre tus rodillas.

Cualquier posición que elijas, frota o dale golpecitos suaves en la espalda hasta que eructe. Muchos bebés eructan bien pronto, mientras que otros necesitan varios minutos de ayuda para ese importante eructo:

Keonia a menudo tiene mucho gas en el estómago. Cuando esto sucede, paso de diez a veinte minutos ayudándole a eructar. Si no, vuelve a escupir.

Lei, 16 – Keonia, 4 meses

Si le das biberón, tu médico te dirá la cantidad de fórmula que necesita tu bebé. A veces, tu bebé no va a terminar todo lo que hay en la mamila. No tienes que preocuparte por eso. Probablemente no tenía tanta hambre como otras veces.

El apetito le va a variar de una comida a otra. "Suficiente" en una comida tal vez no es suficiente la próxima vez. Verás que toma más o menos la misma cantidad total de fórmula cada día.

Si tiene fiebre o diarrea, necesita más agua. Si tiene hipo, ofrécele un sorbito de agua con una cucharita.

Ya sea que le des el pecho o la mamila, mantén a tu bebé bien cerca de ti cuando le das de comer. Ésta es una magnífica manera de conocerse para ambos. Cuando le hablas y le sonríes, vas a sentir que los lazos se estrechan aún más.

El biberón/la mamadera/la mamila no se debe recostar

Cuando le das un biberón, sostén *siempre* a tu bebé. Nunca lo acuestes con el biberón en la boca para luego dejarlo mamando solo.

Lo primero, necesita el amor y el soporte emocional de sentirse en tus brazos. También necesita el contacto visual contigo mientras come. Todo esto es sumamente importante para el bebé.

Ayer perdí la paciencia con mi suegra. Ella tenía ganas de cuidar a Eric unas horas y al fin se lo llevé. Pensé que estaría bien unas horas mientras yo iba de compras. Regresé como a las dos horas y no podía creer lo que veía.

Mi suegra estaba ocupada en la cocina y Eric estaba en el sofá – ¡con la mamila recostada en la boca!

Lo hubieras visto. Tenía las manitos empuñadas y todo el cuerpecito tenso e inquieto. Por lo general, cuando come mueve los brazos y se divierte.

Yo me enfurecí. Respiré hondo y le dije: "Si Ud. no tiene tiempo para sostenerlo mientras come, yo sí lo tengo". Lo tomé y me fui a casa!

Los bebés tienen que estar sostenidos cuando comen. Necesitan el amor y la atención. Además, recostar la mamadera es peligroso – se puede ahogar y le podría causar una infección de oídos. ¡Si ella lo cuida alguna otra vez, que no se le ocurra recostarle la mamadera!

Jeanne

Como dice Jeanne, además del cariño que recibe cuando se sostiene al comer, también existen menos posibilidades de una infección de oídos si nunca le recuestas el biberón. Muchas infecciones de los oídos resultan por beber de una mamadera recostada.

Si necesitas otro motivo para sostener al bebé mientras le das de comer, recuerda que un bebé con un biberón recostado puede escupir y ahogarse con la cuajada de la leche. No está en capacidad de escupir si el biberón que tiene en la boca está recostado.

Puede que necesite chupete/mamón

Los bebés necesitan chupar mucho. Los bebés amanantados por lo general chupan más al comer que los que toman biberón. Si la fórmula se acabó, se acabó, pero el pecho sigue produciendo unas gotitas de leche. Un bebé que necesite chupar mucho lo puede lograr así. Sin embargo, muchos bebés, ya sea amamantados o que tomen mamila, necesitan chupar aún más. A lo mejor tu bebé se descubre el puño muy pronto después de nacido. (Muchos bebés se chupan el pulgar cuando aún se encuentran en el vientre de la madre.) Si parece como que quiere chupar más, ofrécele un mamón o chupete.

Si le estás dando el pecho, como se dijo anteriormente, espera hasta que tenga un mes. Ofrécele el chupete sólo después que ha terminado de comer. *Jamás* permitas que el mamón se interponga entre el bebé y su comida.

Aunque los vecinos desaprueben, darle el chupete a tu bebé está bien. Descártalo tan pronto ya no lo necesite para chupar más, probablemente antes de cumplir el primer año.

Eso sí, no sustituyas el mamón por atención, comida o cambio de pañal que tu bebé quiere y necesita cuando llora.

Suplementos de vitaminas/minerales

Si le estás dando el pecho a tu bebé, sigue tomando las vitaminas prenatales dos o tres meses después del parto. Si lo haces, tu bebé no necesita un suplemento vitamínico extra.

Vitaminas. Las fórmulas preparadas obtenibles comercialmente contienen suficiente vitamina D para un bebé.

Fluoruro. Ya sea que le des el pecho o el biberón, tu bebé necesita fluoruro. En ciertas áreas, se encuentra en el agua que se bebe. La cantidad suficiente de fluoruro previene las caries dentales pero demasiado fluoruro puede descolorar los dientes.

Como la cantidad de fluoruro en el agua puede ser alta o baja, es importante que tu proveedor de atención médica te diga si tienes que darle un suplemento o no. Dale exactamente lo que le recetan. ¡No le des de más!

Hierro. Si estás comiendo suficientes alimentos nutritivos ricos en calcio, tu leche materna tendrá suficiente hierro para tu bebé durante unos cuatro meses. Entonces, tu proveedor de atención médica te puede recomendar un suplemento de hierro. O tal vez te puede recomendar que le des un cereal fortificado con hierro.

Casi todas las fórmulas comerciales contienen hierro. Tu médico te ayudará a decidir cuál es la mejor para tu bebé.

WIC para ayudar con gastos de alimentos

Si tienes dificultad en obtener los alimentos necesarios para ti misma mientras das el pecho, llama al departamento de salud pública para obtener información sobre WIC (en inglés, Special Supplemental Feeding Program for Women, Infants, and Children), programa para mujeres, bebés y niños. WIC también proporciona ayuda para comprar alimentos nutritivos para mujeres embarazadas y fórmulas para bebés. En ciertas comunidades, la elegibilidad para WIC depende de los ingresos. Muchas madres jóvenes pueden tener derecho por la edad.

El programa de cupones de alimentos ayuda a extender el dinero para la comida de familias elegibles. Pídele información a tu trabajadora social.

Ya sea que des el pecho o el biberón, la hora de comer puede ser un período de especial acercamiento para ambas. Háblale mientras come. Dile que la quieres mucho. Dile cuánto te gusta esta parte del día y tu bebé responderá más y más a medida que pasen los días.

Una bebé en brazos amorosos de una madre sin prisa está aprendiendo una lección muy importante—a confiar en su mundo y en ti. *Aprecia ese tiempo que pasan juntas.*

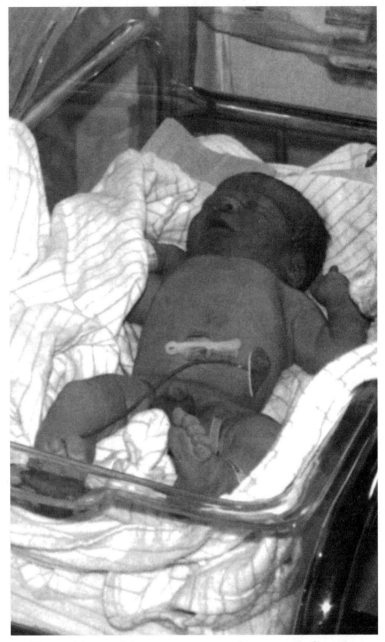

Tu recién nacido es una personita extraordinaria.

3

Observar a tu maravilloso recién nacido

La primera vez que vi a Jazlyn me sentí feliz. No podía creer que ya estaba aquí, que yo la había tenido dentro de mí y que finalmente había salido. Era tan pequeñita y tan bonita. Apenas la vi, me enamoré de ella.

Tristyn, 16 – Jazlyn, 2 meses

Al principio estaba toda morada y tenía los labios rosaditos, como si los tuviera pintados. Para el segundo día, la naricita parecía como que le estaba creciendo, como que le salía. Cuando vino a casa, yo creía que se parecía a su papá. Ha cambiado tanto.

Mia, 18 – Isabel, 6 semanas

El aspecto de tu recién nacido

Los dolores de parto no son fáciles ni para ti ni para tu bebé. Tu recién nacido tal vez no se parece en nada a esa personita soñada que se ve en los anuncios de pañales. A lo mejor se ve tensa y cansada.

Sin embargo, como casi todas las madres, padres y abuelos, probablemente te vas a enamorar a primera vista.

Tan pronto como nació, un sentimiento raro se adueñó de mí, un chorro de adrenalina. Fue un encanto verla por fin, verla abrir los ojos y mirarme.

Philip, 17 – Julia, 2 months

A lo mejor tu bebé se ve desaliñada al nacer hasta que la enfermera la limpie. La cabeza de un bebé puede moldearse durante el proceso del parto, de modo que puede parecer más larga de lo que uno cree que debe ser. Puede también pesentar golpes y chichones en ella.

Al descender por el canal de nacimiento, la cabeza le cambió un poquito de forma para que se le facilitara la jornada un tantito. En este momento, los huesos de la cabeza de un bebé están lo suficientemente blandos para que esto pueda ocurrir. Pronto la cabeza tomará la forma redondeada. Si estuviste con dolores mucho tiempo, la cabeza de tu bebé probablemente se moldeó.

Casi todos los bebés tienen aspecto algo colorado cuando nacen, a veces hasta amoratado, cualquiera que sea el grupo étnico. Para cuando sacas a tu bebé del hospital, la piel tendrá mejor aspecto. La piel tal vez se le vea colorada y manchada cuando llora pero esto es normal.

Al nacer los bebés afroamericanos a menudo tienen la piel más clara de lo que va a ser más adelante. La piel en la punta de la oreja es una buena indicación del color permanente del bebé.

Cuando nació Latrelle, era prácticamente blanco y los labios los tenía grandes y rosados. Tenía mucho cabello, y aún lo tiene — pero ahora no tiene los labios rosados y el color es más oscuro.

LaTanya, 18 – Latrelle, 4 semanas

¿Has oído hablar de la fontanela o mollera? Esto es el "punto blando" (en verdad, es más de uno) en la cabeza de un bebé. Hay quienes se preocupan de que se le puede hacer daño al bebé si se le toca ese punto suave. Pero una membrana gruesa cubre la fontanela. Esto le da a la cabeza mucha protección. El cráneo toma unos 18 meses para cerrar el punto suave.

Es importante que examines el punto blando a tu bebé. Debe estar blando y plano. Si está abultado o hundido, el bebé podría estar enfermo o deshidratado.

Ten cuidado de lavarle la cabeza perfectamente bien. Si no, le puede dar una costra o especie de caspa muy fuerte—unos la llaman sebo y otros seborrea; en inglés le dicen "craddle crap". Cuando le haces un champú a tu bebé, dale masaje en la cabeza con las puntas de los dedos, como te das tú. Si le tocas la fontanela no le duele.

Si le da esta costra, lo mejor es lavarle la cabeza con un jabón hipoalergeno o lavarle la cabeza con un cepillo suave. También puedes usar aceite para bebé. Aplícalo con algodón o un cepillo suave. Enjuágale la cabeza unos minutos después.

El cuidado del ombligo del bebé

Los padres a veces tienen miedo de tocar el cordón umbilical del recién nacido. Tal vez sangre un poquito si se mueve. Si sucede esto, sólo hay que limpiarlo suavemente con alcohol y un pedazo de algodón. Lo bueno es que el cordón se cae aproximadamente en una semana. La mayoría de los médicos recomiendan no meter al bebé en al agua sino hasta después que se haya caído el cordón.

Cuando el ombligo le sobresale, ciertos padres creen que debe hacerse algo. Sin embargo, ponerle fajas u otros objetos (como una moneda) puede producirle una infección en el ombligo. Si el ombligo de tu bebé sobresale, está bien. A medida que los músculos del estómago se fortalecen, el ombligo probablemente se hundirá.

Pero si el ombligo le sobresale demasiado, es mejor consultar con el médico por si se trata de una hernia umbilical. Ver página 67.

Hernia umbilical: una protuberancia cerca del ombligo donde se juntan los músculos abdominales.

Características de tu recién nacido

Yo no estaba acostumbrada a despertar cada dos o tres horas para darle de comer y fue duro. A veces le daba de comer y seguía llorando. El primer par de noches fue realmente duro, pero me acostumbré.

Ahora duerme bien, aunque en estos días quiere estar despierta más tiempo. Quiere que le hablen. Por supuesto, yo le hablo siempre que está despierta.

Tristyn

Un bebé recién nacido depende completamente de sus padres u otros para todas sus necesidades. Durante los primeros días de vida en este mundo, probablemente va a dormir excepto unos tres minutos por hora, más o menos, además del tiempo que pasa llorando porque tiene hambre o tiene el pañal mojado, siente cualquier incomodidad o soledad, o mientras come. Durante esos minutos "alerta", empieza a conocerte a ti y al mundo que comparte.

Durante los primeros dos o tres días después de nacidos, todos los bebés rebajan unas cuantas onzas. Pocos días después vuelven a recobrarlas.

Las primeras evacuaciones intestinales del bebé se llaman *meconio,* una sustancia pegajosa de color verdinegro. Esto llena los intestinos de tu bebé cuando aún está en el útero. Por

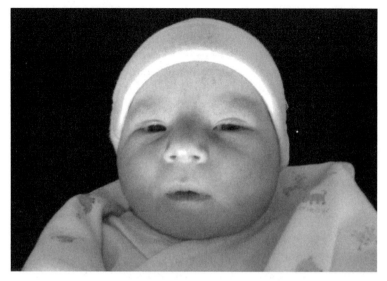

A tu bebé le encanta que le hables.

lo general, el meconio sale el primer o segundo día de nacido.
Después, las evacuaciones son de color verdoso y suaves. Si
son así, suaves y verdes, no importa cuántas evacuaciones
tenga. Los bebés que toman el pecho producen excremento
suave de color amarillento después de cada comida. Es porque
la leche materna se digiere rápidamente y esto es bueno para
el bebé.

Es muy normal que ciertos bebés, tanto niños como niñas,
tengan los senos hinchados por unos días después del parto.
Esto lo causan las hormonas del cuerpo de la madre y
desaparece dentro de pocos días. Una que otra vez, el pecho
de un bebé tiene un poquito de leche. No trates de
extraérsela.

Las hormonas de la madre también pueden hacer que las
niñitas sangren un poquito por la vagina durante dos o tres
días después del parto. Tanto los varones como las hembras
tienen genitales de tamaño exagerado y color rojizo al nacer.
Gradualmente tomarán el tamaño normal durante la primera o
segunda semana. También es normal y de no preocuparse que

un varoncito tenga el pene erecto cuando le cambias el pañal.
Esto ocurre a menudo durante la primera infancia.

Ciertos bebés tienen marcas de nacimiento (lunares). Con
el tiempo, muchos desaparecen. Estas marcas tienden a
heredarse de la familia y no se puede hacer nada para que
desaparezcan. Si esto te preocupa, consúltalo con tu
proveedor de atención médica durante un examen rutinario de
tu bebé.

Los bebés de piel oscura pueden tener marcas oscuras, a
menudo en las nalguitas o arriba de las mismas. Tales marcas
desaparecen más o menos para el segundo cumpleaños.

A algunos recién nacidos puede darles acné miliar. Esto
también se debe a desequilibrio hormonal. Estos granitos
blancos desaparecen en un par de semanas. No se necesita
ningún tratamiento. Nunca debes ponerle a tu bebé medicinas
para acné de adultos.

Observar su desarrollo

*La primera vez que lo vi, lloré. Era algo que nadie me
podía quitar. Estaba rosadito y tenía el cabello rubio (güero,
mono, catire). Ya tenía los ojos bien abiertos.*

*Dicen que usualmente el bebé sale atontado por efecto de
la epidural, pero él ya estaba tratando de mirar a todas
partes.*

Zaria, 16 – Devyn, 3 meses

Mientras más atención le pones a tu bebé, más atención te
pone tu bebé a ti. Mientras más sabes del fantástico proceso
del desarrollo de un bebé, más especial es el tiempo "alerta"
que pasan juntos y tu bebé empezará a responder.

Desde el primer vistazo, su aspecto y comportamiento
serán distintos de los de otros bebés en la guardería del
hospital. Puede ser que tu bebé se encuentre más "alerta" que
los otros, o puede que duerma "todo el tiempo". Enamórate de
tu bebé, sea como sea.

Al nacer, los bebés por lo general responden a sonidos. (A

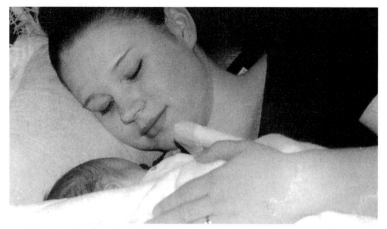

*Casi todos los bebés duermen mucho los primeros días—
¡y mamá también necesita dormir!*

los bebés nacidos en Estados Unidos les hacen una prueba de
audición antes de salir del hospital.) Sorprenderse con ruidos
fuertes es bastante normal y puede que tu bebé llore.

Aunque no entienda el significado de tus palabras, tu bebé
adora oír tu voz. Suena y se siente como algo conocido, como
cuando estaba en el útero. Si le cantas y le hablas te va a
poner más atención. Pero, eso sí, los ruidos fuertes y agudos y
las voces enojadas perturban a tu bebé.

Visión – un poquito borrosa

La vista del bebé no está muy desarrollada a la hora de
nacer. A lo mejor te ve borrosa cuando estás a más de nueve
pulgadas de distancia. Ésta es más o menos la distancia a que
están sus ojos de los tuyos cuando le das el pecho.

Los músculos de los ojos están aún en desarrollo al nacer y
los ojos parecen "bizcos" o torcidos. En unas cuantas
semanas, el desarrollo de los músculos mejora y la condición
desaparece.

Después de unos meses, el color de los ojos por lo general
no es igual a cuando vino al mundo. Muchos bebés tienen
ojos azules o grises al nacer y después se les ponen más

oscuros o más claros. Algunos nacen con los ojos oscuros, pero el tono o la oscuridad tal vez cambie con el tiempo.

Tú eres el objeto de atención favorito de tu bebé. A poco de nacer, sigue tus movimientos por corta distancia. A veces, antes de cumplir los dos meses, puede que te sonría. Antes de eso, se sonríe pero hay quienes dicen que esto es sólo un reflejo. Esa sonrisa ocurre cuando la bebé está contenta. A menudo está despierta cuando sucede.

Sugerencias

• Ciertos juguetes infantiles tienen espejos irrompibles. Coloca uno de estos juguetes de modo que se vea a sí misma. Como prefiere las caras, esto le va a interesar más rato que otro juguete.

• Dibuja una cara en un plato de cartón con marcadores o creyones oscuros. Coloca el plato en la cuna como a diez pulgadas de la cara de tu bebé. Ponlo en el lado de la cuna donde es más probable que mire.

Las acciones reflejas prevalecen

Los reflejos con los que nació pueden ser la causa de muchas acciones del recién nacido:

Acción refleja: responder a algo sin tener que aprender a hacerlo.

Vas a notar que tu bebé cuando tiene hambre voltea la cabeza y "busca" el pecho. Ese reflejo se llama arraigarse. Una vez que encuentra el pecho (o el biberón), ya sabe cómo chupar, que es otro reflejo.

Cuando está despierto, no siempre va a estar tranquilo. Es porque va a tener muchas experiencias que son parte de su sistema nervioso inmaduro. Ejemplos de eso son el hipo, el asombrarse y temblar. Las madres jóvenes muchas veces se preocupan con este comportamiento pero esto es completamente normal.

Durante la primera semana, o algo así, tu bebé va a dar "pasos" cuando la sostienes en posición vertical. Esto es otro reflejo y dura poco. Más adelante, cuando intentes que haga lo mismo, el bebé se caerá en vez de dar "pasos". Todo esto es normal.

Otra sorpresa para los padres es la fuerza del apretón de mano del bebé. Durante el primer mes más o menos, tiene las manos empuñadas, posición que es también otro reflejo. Más adelante, las manos se le relajan y empieza a explorarlas.

Las fotos de recién nacidos casi siempre los muestran envueltos en mantas. Las primeras horas después del nacimiento, se entibia al bebé para ayudarle a que se ajuste a la temperatura del mundo fuera de la madre. Pero después de un día, más o menos, un bebé necesita la misma cantidad de ropa que necesitas tú, es decir, para exterior e interior. Cuando tú necesitas un abrigo o un chaleco, viste al bebé de igual manera. Si a tu bebé le sale una erupción por el calor, es que tiene mucho calor.

Aprender de tu bebé

Cuando estás con otros bebés, empiezas a ver lo diferente que es uno de otro. Unos marcan momentos importantes de desarrollo antes que otros. Las características de la personalidad, como estar muy quieto o muy activo, se empiezan a ver. Al notar estas cosas, comparte tus observaciones con todos los que quieren a tu bebé. Hasta podrías escribir un "libro de bebé" para indicar las cosas que notas. Cuando tu bebé crezca se divertirá mucho al enterarse de sus primeros momentos importantes y leer tus primeras notas sobre él.

Más que nada, disfruta de esta época maravillosa. Tú eres la persona más importante en la vida de tu bebé – y él en la tuya.

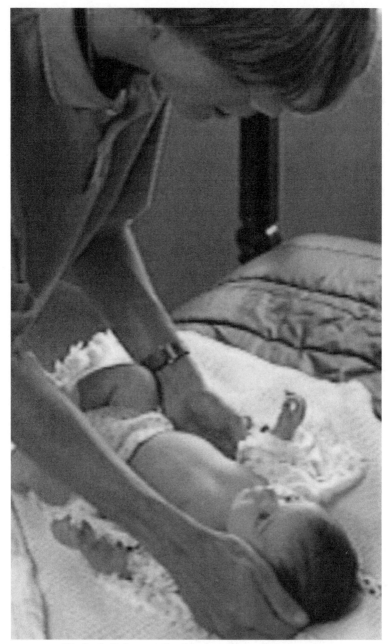

Tu bebé depende de ti para su bienestar.

4

El objetivo del bebé: su bienestar

- **Satisfacer las necesidades del bebé**

- **No puedes "malcriar" a tu bebé**

- **Disfrutar de tu bebé**

- **Nota importante**

- **¿Llora porque se siente solo?**

- **El baño de tu recién nacido**

- **El asunto de los pañales**

- **¿Le gusta estar envuelta?**

¿Cómo conforto a Cassidy? Lo tomo en brazos y le hablo y así se tranquiliza.

Sumaire, 17 – Cassidy, 6 semanas

Si está inquieta, puede ser porque tiene el pañal sucio o tiene hambre o está cansada. Cuando está cansada, le doy unas palmaditas en la espalda y se duerme.

Le gusta estar calentita y siempre la mantenemos calentita. Cuando le damos de comer, la abrigamos con una mantita y la acurrucamos.

Cuando está molesta y la tomamos en brazos, la colocamos bien cerca de nosotros. Entonces se da cuenta, "bueno, estoy cómoda".

Mike, 18 – Isabel, 6 semanas

Satisfacer las necesidades del bebé

El bienestar es lo más importante para un recién nacido. Esto significa la satisfacción de todas sus necesidades. Dejar que llore sólo tiene sentido cuando no se puede hacer nada para que se sienta bien. Aún así, casi todos los bebés prefieren estar en brazos durante su sufrimiento. ¿No lo preferirías tú?

A casi todos los bebés les gusta que los toquen, los acunen y los acaricien. Tienen una manera de acurrucarse en tus brazos que los hace sentir muy bien a ambos. Si la bebé está irritada, el colocarla verticalmente con la cabeza cerca de tu hombro la puede calmar.

Tu bebé es extremadamente sensible. Cualquier ruido fuerte, o que alguien le mueva el moisés, la pueden hacer llorar. Puede que llore aun si la levantan súbitamente de la cama. De hecho, puede que se sobresalte y llore con cualquier cambio súbito.

Ponle las manos por debajo con todo cuidado, luego espera uno o dos segundos antes de alzarla. Así, se sentirá más segura. Tiene tiempo para ajustarse a que la muevan. Por supuesto que siempre tienes que proporcionarle soporte a tu bebé cuando la levantas o la cargas.

No puedes "malcriar" a tu bebé

Cuando llora, la tomo en brazos. Mi mamá me dice: "Si no la acuestas cuando duerme, se va a acostumbrar a que la cargues". Cuando crezca, me dice mi mamá, la voy a tener que cargar. Pero yo no creo que ella se porte así.

LaTasha, 16 – Tajanell, 6 semanas

Malcriar a tu bebé no es lo que va a suceder los primeros meses. A la mayoría de los padres les encanta cargar a su bebé, acariciarla y quererla. Esto la hará sentir segura en la vida.

Tu bebé, como todos los bebés, nació con 100 billones de células cerebrales en espera de desarrollarse. Tales células cerebrales se desarrollan por medio de la estimulación, cosas como las luces y los sonidos (especialmente el sonido de las voces de sus padres). ¡El tacto es tan importante que los bebés a quienes no los tocan mucho o con quienes juegan poco tienen el cerebro más pequeño! El mayor desarrollo del cerebro de tu bebé tendrá lugar durante los primeros tres años de vida.

A veces los abuelos – u otras personas cercanas al bebé – consideran que cargarlo lo va a malcriar. Tal vez alguien te ha dicho algo como "si lo cargas cada vez que llora, va a creer que puede obtener lo que quiere si llora". Lo cierto es que va a a llorar cuando necesita algo, ya sea que lo levantes o no. Y *necesita* que lo levanten y que se satisfagan sus necesidades lo más posible.

El padre o la madre que responde a su llanto le ayuda a desarrollar esa importante confianza en su mundo. De hecho, ese sentido de confianza es lo más importante que puede aprender durante los primeros meses.

¿Sabías que ciertos estudios han demostrado que los bebés a quienes los levantan y los cargan durante los primeros meses lloran *menos* cuando tienen un año? Sí, los bebés a quienes dejan solos cuando lloran van a llorar *más* cuando están más grandecitos.

Así, pues, sigue los dictados de tu corazón. Levanta a tu bebé, háblale, acúnala. Dale de comer cuando tiene hambre. Mantenla limpia, abrigadita (pero no *demasiado* caliente) y seca. Llevan ambas la de ganar si la bebé recibe la atención que necesita.

Yo por lo general la cargo, le froto la cara, juego con sus pies. Ella me mira. Después se sonríe. Sólo hablar de ella me hace echarla de menos.

Philip, 17 – Julia, 2 meses

Háblale bastante. Aprenderá más fácilmente que la criatura que pasa los primeros meses acostada en la cuna o sentada en una sillita sin hacer nada. Así, pues, ¡*sigue hablándole*!

Disfrutar de tu bebé

Cuando Jenilee llora, la levanto y la coloco junto a mi
pecho con la cara de manera que me pueda oír los latidos del
corazón. Le gusta que camine con ella. O si no, le hablo. Le
gusta escuchar mi voz.

Lacey, 16 – Jenilee, 1 mes

Lo más importante del cuidado de tu bebé es conocerla —
establecer lazos lo más estrechamente posible. Si interactúas
mucho con tu bebé, cárgala, háblale, conversa con ella cuando
esté despierta, notarás que los lazos se adquieren como
debe ser.

Concéntrate en el bienestar de tu recién nacido. Cuando
tiene hambre, quiere que le den de comer ya. A lo mejor le
disgusta tener los pañales mojados o sucios, o puede que no lo
note. Si no le gusta, te lo hará saber con llanto. Aunque le
hayas dado de comer y lo hayas cambiado, a lo mejor sigue
llorando. Puede ser propenso al cólico y por eso llora más que
otros bebés. (Ver página 61.)

Si llora después de comer, ¿será que necesita eructar? Casi
todos los bebés pueden eructar si les frotan o dan palmaditas
en la espalda durante uno o dos minutos. Otros necesitan que
les hagan esto más tiempo. (Ver páginas 31-32.)

No te preocupes de malcriarlo. Estar presente cuando lo
necesita le ayuda a aprender a confiar en su mundo. Si tiene
confianza en que se van a satisfacer sus necesidades, a lo
mejor llora menos en el futuro.

Nota importante

A veces haces todo lo posible para que tu bebé se sienta
bien y, aun así, llora. Ten siempre presente que no llora para
molestarte. No llora porque tú la has malcriado. Llora porque
es la única manera que tiene de decirte que necesita algo.

A veces sirve sacarla de la casa. Tal vez deje de llorar si ve
algo nuevo y diferente. Un paseíto en el auto (asegurada en su

asientito) puede calmarla. Ciertas madres informan que sus bebés se duermen apenas empieza a andar el motor.

Ciertos bebés se duermen más fácilmente cuando están en su columpio. La música suave también puede servir. Una cajita de música junto a la cama puede calmar a ciertos bebés.

¿Llora porque se siente solo?

Las primeras dos semanas son las más difíciles. Se despertaba de hora en hora y eso me frustraba. Dos semanas después, se despertaba cada dos horas, pero todavía no se duerme sino hasta las 2 de la mañana. Todavía estoy muy cansada.

Tiana, 15 – Francisco, 3 meses

¿Llora tu bebé a veces cuando "no le pasa nada"? Le has dado de comer, le has cambiado el pañal y no tiene mucho calor ni mucho frío. Aun así, sigue llorando.

Puede ser simplemente que se siente solo. ¿Te imaginas cómo se siente en el mundo exterior tras el bienestar en el útero materno? ¿Crees que así de repente te gustaría dormir sola sin contacto humano? Ése es un cambio muy grande para el bebé.

Ten paciencia con tu bebé. Hay momentos en que lloran y te imaginas que tienen hambre, pero no quieren el biberón. Alguna otra cosa le molesta. Como Jazlyn, no le gusta estar con el pañal mojado o sucio. Y a veces se siente sola.

Tristyn, 16 – Jazlyn, 2 meses

No tengas miedo de cargarla aunque sepas que no tiene hambre, ni está mojada, ni tiene frío. A lo mejor tienes una silla mecedora. ¡Úsala! A muchos bebés también les gusta una cuna mecedora. Canta en voz alta o suave cuando la meces.

Quizás no puedes comprar una cuna cara y una silla mecedora. Sin duda, tu bebé votaría por una cuna barata sin pintar o una de segunda mano para que también puedas comprar la silla mecedora.

El baño de tu recién nacido

No se debe meter a la bebé en el agua sino hasta después que se le caiga el cordón umbilical. Hay que darle un baño de "esponja". Acuéstala sobre una toalla en un cuarto calentito y lávala con una toallita enjabonada. Después, enjuágala bien y sécala.

Cuando se le cae el cordón, le puedes dar un verdadero baño. Lávale la cabeza y la cara primero. No le pongas jabón en la cara, pero el cabello se lo debes lavar con un jabón natural o champú de bebé al menos una vez por semana. Una vez le hayas lavado y secado la cara, enjabónale con la mano el resto del cuerpo usando un jabón natural. Lávale los órganos genitales lo mismo que el resto del cuerpo.

Enjuágalo completamente, envuélvelo en una toalla y sécalo con golpecitos. Mientras haces todo esto, debes hablarle.

Cuando le di el primero baño, yo tenía miedo. La bañé en una tina pequeñita en el fregadero. La primera vez no lloró, tal vez porque estaba acostumbrada a estar en la matriz. Después del baño, la envolví en un montón de toallas. Todavía estaba resbalosa.

LaTasha, 16 – Tajanell, 6 semanas

Si el fregadero de la cocina es lo suficientemente grande, tal vez éste sea el lugar para bañar a tu bebé. Está a buena altura y no tienes que alzar la tina para botar el agua.

Tienes que tener mucho cuidado para que el bebé no se resbale y se lastime con las llaves o los grifos.

Pero si vives en una casa con muchas personas, este uso del fregadero puede interrumpir la rutina de los demás. Si usas el fregadero para bañar a tu bebé, límpialo bien antes y después del baño.

Prueba el agua *siempre* para asegurar que no está demasiado caliente. Mete el codo en el agua porque es más sensible a la temperatura que las manos. *Jamás* dejes a tu bebé sola en el baño.

¿El primer baño? No le gustó para nada. Gritó y lloró y yo me asusté. Todavía no he encontrado una buena técnica porque a él no le gusta que lo bañen.
El primer mes y medio le di baños de esponja como cuando estaba recién nacido. Eso no le moslesta. Mi mamá y mi abuela creen que es una tontería. Según ellas, lo debo bañar, pero a mí me parece que cualquier cosa que funcione para mí y para él es lo mejor...así que el baño de esponja le vino bien.

Brooke, 18 – Blair, 3 meses

Aunque a algunos recién nacidos el baño los relaja y los calma, a muchos bebés pequeñitos no les gusta. A veces, cuando la metes en el agua, tal vez tiembla. Si lo hace, acorta el baño, luego envuélvela en una toalla. Y no tiene nada de malo el bañar a un bebé con una toallita, acostada en una toalla, como lo hizo Brooke. Y los bebés no *tienen* que bañarse todos los días.

Por supuesto que hay que limpiarle bien el trasero cuando le cambias el pañal. Un baño diario es una parte agradable de su rutina—si a tu bebé le gusta. Si lo aborrece, tal vez conviene darle el baño cada dos días, tal vez un baño de esponja cierto tiempo más.

No trates de limpiarle las cavidades del cuerpo (nariz, oídos, ombligo) con palitos algodonados. Todo lo que no puedas limpiar con un cantito de una toallita no tiene que limpiarse. Tampoco tienes que usar crema, loción ni polvo de bebé. De hecho, algunos de estos productos pueden irritarle la piel. Los bebés limpios huelen bien sin ninguno de esos artículos.

No te preocupes cuando tu bebé se toca los órganos genitales. Es que tiene curiosidad por conocer su propio cuerpo. Tocarse los órganos genitales es tan inofensivo como tocarse la nariz.

El asunto de los pañales

Los pañales desechables parece ser que son para "todo el mundo". Son fáciles de usar y a veces se consideran simplemente como otro gasto para el cuidado del bebé. Pero aún es posible comprar pañales de tela y lavarlos. Gastarías menos dinero. Además, los pañales de tela son mejores para el medio ambiente.

Yo uso pañales de tela por el dinero. Todas las semanas tenía que comprar un paquete de pañales – ¡casi $100 al mes! Por 88 pañales es más de $20. Empecé a usar los de tela cuando él tenía dos o tres meses.

A mí me parece que muchas muchachas usan los desechables porque son perezosas. Creen que cambiar los pañales es desagradable. A veces tienen miedo de pinchar al bebé con los imperdibles. Los de tela que yo uso tienen velcro.

Delia, 15 – Kelsey, 7 meses

Antes de decidir si usar un servicio de pañales, pañales desechables o pañales que tú misma lavas, compara los costos en tu área.

A la mayoría de nosotros nos gustaría tener varios cientos de dólares al fin del año. Ésa es la diferencia de costo entre pañales desechables y los lavables. Si tienes acceso a buenos servicios de lavandería, lavar pañales no es difícil. Además, puedes doblarlos mientras miras la televisión.

Yo uso pañales de tela. No me gustan los desechables. A Robin le dan erupciones con el papel y no le da nada con la tela. Si se enjuagan, no apestan. Yo los pongo en la lavadora antes de ir a la escuela y en la secadora cuando regreso. Los doblo después que se duerme.

Melinda, 15 – Robin, 9 meses

¿Le gusta estar envuelta?

Cuando Jazlyn estaba recién nacida, la poníamos en una

mantita y la envolvíamos bien con ella. Yo hacía esto cuando le daba de comer o cuando dormía. Ahora quiere tener las manos libres.

Tristyn

¿Envuelves tú a tu bebé? Esto es envolverlo bien apretujadito en la manta. Ésta es una práctica común en muchas culturas. Tal vez funciona porque el bebé se siente más seguro de este modo. Puede ser que lo haga sentir como cuando estaba en el útero. ¡Allí estaba bien "apretujadito!"

Para envolver a tu bebé, céntrala en la manta con la cabeza apenas por arriba de un canto. Toma una punta superior de la manta y pásala diagonalmente al otro lado del hombro. El codo le va a quedar adentro, pero una mano debe quedarle afuera. Mete la punta bajo las rodillas de tu bebé.

Tira del otro lado de la manta y dóblalo apretadito sobre la bebé. Levántala un poquito para que puedas meter el borde de la manta debajo de ella.

Así la vas a tener envuelta ajustadita y tal vez tu bebé estará más contenta. De hecho, algunos bebés duermen mejor si están envueltos cuando los acuestan.

Tu recién nacida es ya una personita interesante que sabe más de lo que se creía anteriormente. Desde ya, eres una gran influencia en el comportamiento de tu bebé. Quiérela y enséñale.

Sobre todo, disfruta de los momentos de convivencia.

Para mayor información, ver Your Baby and Child from Birth to Age Five, por Penelope Leach (Knopf).

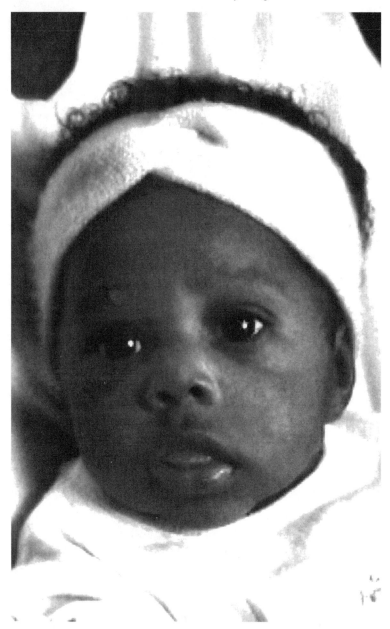

Cuidar la salud y la seguridad del bebé
es una parte importante de la crianza de los hijos

5

Cuidado de la salud y la seguridad del recién nacido

Julia tiene una infección de oído. Normalmente duerme todo el tiempo. Apenas se quedaba despierta y estaba de mal humor, nos dimos cuenta de que estaba enferma.

La llevamos al médico y le recetó una medicina para la infección en el oído. Ahora se le está quitando.

Philip, 17 – Julia, 2 meses

Francisco estuvo congestionado como unas dos semanas. Tosía y arqueaba mucho; y cada dos minutos tenía que limpiarle la nariz con una jeringuilla de perilla. Me daba mucha lástima pero ahora está bien.

Tiana, 15 – Francisco, 3 meses

Nota: Si tu bebé nació antes de tiempo o tiene necesidades especiales, por favor lee el capítulo 9, *de Tu embarazo y el nacimiento del bebé*, para información adicional sobre el cuidado de su salud.

La primera cita médica

El cuidado de la salud está cambiando. Las familias pueden atenderse con un médico, una enfermera practicante o de cabecera, una asistente de médico u otro especialista. A estas personas se les llama a veces *proveedores de atención sanitaria o médica*. Aquí se emplea tanto "médico" como "proveedor de atención sanitaria o médica" para referirse a un profesional de la salud.

Probablemente elegiste el plan médico antes del nacimiento del bebé. Los proveedores de atención sanitaria por lo general piden que se les lleve al bebé más o menos a las dos semanas de nacido o a veces mucho antes. En esta visita es conveniente hablar de cualquier problema con la comida. Si te preocupa el ombligo, si sospechas que tiene hernia, o si tienes cualquier otra preocupación, tienes que decirlo al proveedor de atención médica.

Es muy buena idea que durante esta primera visita te aprendas los nombres de las personas que trabajan allí. Si sabes el nombre de la recepcionista y la enfermera les puedes hablar por nombre en el teléfono. Lo más probable es que recibas una respuesta más cordial.

Sobre todo, no tengas temor de hacer preguntas. Escribe todo lo que quieras discutir con el proveedor de atención médica. ¿Que siempre está de prisa? Deténlo y dile: "Un momento. Tengo estas preguntas y necesito su ayuda".

Si describes brevemente lo que te preocupa, él tendrá tiempo para aconsejarte. Si no, a lo mejor debes buscar a otro médico que conteste tus preguntas.

Tú eres la administradora de caso para las necesidades médicas de tu hijo. Mantén toda la información junta en un cuaderno y llévala contigo cuando lleves al bebé al médico. Ciertas madres mantienen este cuaderno en el auto para tenerlo a mano cuando lo necesitan.

Empieza los apuntes con el largo y el peso del bebé al nacer y sigue haciéndolo periódicamente. Si sabes el tipo de sangre del bebé, anótalo. Lo más importante es mantener un récord de las inmunizaciones. Este récord es necesario al entrar en la escuela.

Anota las fechas de las enfermedades de la criatura y describe los síntomas de manera breve. Esto te servirá para darle la información al proveedor de atención sanitaria.

Ten cuidado de llevar el cuaderno al día. Si estás en un plan de salud administrado, tal vez tengas que ver a un médico distinto en cada visita. Con ese cuaderno, te comunicarás mejor con el médico. Él te tratará de manera diferente porque verá que eres una madre joven muy capaz. Eso es mejor tanto para ti como para el bebé.

Si el bebé tiene ictericia

Mia notó que Isabel se veía amarillenta. Cuando la llevamos para su examen de los dos días, el médico dijo que tenía ictericia. Para nosotros fue difícil, porque se trataba de nuestra bebé y no queríamos que le pasara nada.

La llevamos al laboratorio y le sacaron sangre. Más tarde nos llamaron y nos dijeron que estaba en el límite. Nos dijeron que estuviéramos atentos a que comiera y que hiciera caca, que la pusiéramos frente a una ventana para que tomara el sol una media hora todos los días.

Le quitábamos toda la ropa excepto el pañal y la poníamos al sol de 15 a 30 minutos. Gradualmente la ictericia fue desapareciendo. En una semana le volvió el color normal a la piel y los ojos también volvieron a lo normal.

Mike, 18 – Isabel, 6 semanas

Entre treinta y cincuenta por ciento de los bebés que nacen a tiempo y ochenta por ciento de los que nacen antes de tiempo desarrollan ictericia. Esto hace que la piel y la parte blanca de los ojos se pongan amarillentos. Las causas son muchas y la mayor parte de ellas tienen que ver con la falta de madurez del bebé.

Si tu bebé tiene aspecto amarillento, consulta con el médico. Le harán otros exámenes de sangre y el tratamiento puede ser tan simple como darle de comer con más frecuencia. De vez en cuando, puede que se utilicen luces especiales para hacer desaparecer el color amarillo de la piel.

El mejor tratamiento para la ictericia la primera semana es dar el pecho más a menudo, por lo menos entre 11/2 y 2 horas. Coloca a tu bebé para dormir junto a una ventana durante el día porque la luz del día le sirve para que se le quite la ictericia. Pero no pongas lo donde le dé el sol directa-mente. Si la habitación está lo suficientemente cálida, déjalo con el pañal únicamente para que la luz le llegue a la piel.

El afta puede afectar a los recién nacidos

La enfermera visitante dijo: "Creo que tiene afta en la lengua." Me dijo que fuera al médico en busca de tratamiento. Al principio me asusté porque esto era lo primero que le había dado.

Me dieron una receta y me dijeron que se la pusiera en la parte de adentro de las mejillas, dentro de la boca. Me dijeron que no importaba que se la tragara.

Un par de días después tenía escaldaduras (chincual, sarpullido) por el pañal y dijeron que esto tiene conexión con el afta. Me dieron la misma medicina pero en ungüento. La erupción se le quitó enseguida.

LaTasha, 16 – Tajanell, 6 semanas

El afta parece como manchas de espumarajo de leche en la lengua y dentro de las mejillas o en el cielo de la boca. A diferencia de la leche, no se limpia con facilidad. Si las manchas no se pueden limpiar, llama al médico. El tratamiento es sencillo.

Esto también puede ocasionar escaldaduras de pañal. Esto, igualmente, se puede quitar con medicamentos.

Los bebés y el cólico

Le daba cólico cuando muy pequeñita, como dos horas por la noche. Descubrí lo que la calmaba. Después de llorar una media hora, después de cargarla un rato, la bañaba. El agua la calmaba. Uno tiene que descubrir lo que quiere, como encontrarle la picazón, por ejemplo.

Aimee, 17 – Amelia, 10 meses

Ciertos bebés no hacen más que llorar y parece que es imposible calmarlos. Un bebé así puede tener cólico. En ese caso, puede parecer como que tiene dolor de estómago y ataques de llanto casi todas las noches. La cara se le puede enrojecer repentinamente; arrugará la cara, encogerá las piernas y gritará muy alto. Cuando lo cargas para confortarlo, sigue gritando, tal vez de 15 a 20 minutos. Cuando está a punto de dormirse, puede que empiece a gritar otra vez. Puede soltar gas.

Cuando Navaeh tenía dos semanas, le dio cólico durante dos días. Después se le quitó. Gritaba y yo sabía que algo andaba mal porque ella casi nunca llora. Pateaba y se meneaba mucho. Cuando le daba de comer, seguía llorando, y tenía el estómago duro.

Allegra, 17 – Navaeh, 6 semanas

Nadie sabe las causas del cólico. Por lo general se da más o menos a la misma hora todos los días. Durante el resto del día, el bebé probablemente estará contento y alerta, comerá bien y aumentará de peso.

Si tu bebé parece tener cólico, consulta con el médico para ver si algo anda mal. Si no, ten cuidado de que no tenga hambre, ni esté mojado, ni tenga frío, ni se sienta solo. Cuando le da un ataque de cólico, colocarlo boca abajo sobre tus piernas le puede dar alivio. A veces un baño tibio le puede

servir. Ciertas medicinas le pueden servir. Pregúntale
al médico.

Lo bueno del cólico es que se le quitará más o menos a los
tres meses. Mientras, será difícil la convivencia con tu bebé
por el cólico. Trata de aliviarlo lo mejor que puedas y piensa
en el día que ya no lo va a tener.

Las escoceduras (el chincual, el sarpullido)

La mejor manera de tratar las escoceduras que causa el
pañal es prevenirlas lo más posible. El primer mes, o dos
meses, cambia al bebé antes de cada comida, más a menudo si
tiene una evacuación. Ciertos pañales le convienen más a la
piel que otros, así que se deben probar distintas marcas.
(Empieza con los más baratos.) O usa pañales de tela.

Cámbiale el pañal a tu bebé con frecuencia. Lávala con
agua tibia o toallitas húmedas cuando se lo cambias. La causa
principal del chincual es el amoníaco que contienen los orines
al entrar en contacto con el aire. Si tiene tal erupción, es aún
más importante lavarla bien cada vez que se le cambia
el pañal.

Si tu bebé es niña, límpiala siempre del frente hacia atrás
para evitar que le entren gérmenes en la vagina. Si es niño,
límpiale alrededor del pene y de los órganos genitales. Si no
está circunciso, no trates de enrollarle el prepucio para
limpiarlo. El prepucio tarda muchos años para estar lo
sufientemente suelto para enrollarlo y limpiar por debajo.
Limpia sólo las áreas al descubierto.

Si lo circuncidaron, sigue los consejos del médico para
cuidar tal área. Debe sanar como en una semana.

*La primera semana usé toallitas húmedas y parecía como
que le estaba dando afta. Entonces lo limpié con toallitas de
tela y se le quitó el enrojecimiento.*

LaTanya, 18 – Latrelle, 4 semanas

No es necesario usar polvo de bebé. Si lo usas, puede que
se endurezca en los pliegues de la piel y causarle dolor. Aún

más importante, no lo rocíes directamente en la piel. Si quieres usarlo, echáte un poquito en la mano y pásasela por el cuerpecito. El polvo de bebé rociado en el aire puede hacerle daño a los pulmones de tu bebé.

Para el sarpullido existen medicamentos con receta y sin ella. Las hay en polvo y en ungüento. El ungüento protege por más tiempo.

Si la bebé tiene chincual muy fuerte, déjala estar sin pañal lo más posible. Si el tiempo está cálido, que duerma siesta sin pañal. El aire le ayudará a sanar. Se le puede proteger la cama con sábanas impermeables.

Repitamos, es más fácil prevenir el chincual que curarlo. Para el bienestar de la bebé – y tu propia paz mental— cámbiale el pañal a menudo. Y límpiala muy bien cada vez que se lo cambias.

Ciertas erupciones resultan por antibióticos que toma el bebé. Dile esto a tu proveedor de atención médica. Tal vez recomiende una crema especial para usar cada vez que se le cambia el pañal.

Importancia de las inmunizaciones

A veces los bebés se enferman. Les da resfríos, fiebres y otras afecciones. Más adelante en este capítulo se dan sugerencias para tratar estas enfermedades que por lo general son leves.

Existen otras enfermedades serias en la niñez, cosas que tu bebé nunca debe sufrir. Está en tus manos porque tu proveedor de atención médica puede inmunizarlo contra tales enfermedades.

Durante los primeros dieciocho meses es importante seguir el horario fijado para la inmunización. Tiempo atrás, muchos bebés morían el primero o segundo año de vida a causa de enfermedades que en esta época se pueden prevenir con las inmunizaciones.

Durante el primer mes, haz una cita para su primera serie.

Esto es lo que la criatura necesita:

• **Hepatitis B** — requiere una serie de tres inyecciones. Por lo general, la primera se la ponen cuando el bebé tiene un día de nacido, la segunda al mes o a los dos meses y la última a los seis meses. Es imprescindible que le pongan las tres.

• **Diphtheria, Tetanus, Pertussis (DTaP en inglés)** — Difteria, tétano y tos ferina o convulsiva—también requieren una serie de tres a los dos, cuatro y seis meses con un refuerzo (Td en inglés) entre los 15 y 18 meses.

• **H. influenzae, tipo b (Hib en inglés)** — Influenza, gripe o trancazo — es otra serie de tres. A menudo se da en la misma inyección que la de difteria (DTap) y entonces se le llama HDTap.

• **Pneumococcal (en inglés) — Neumocócico** — previene un tipo de pulmonía común entre los recién nacidos. Se da a los dos, cuatro y seis meses.

• **Polio (en inglés)** es un líquido rojo que se toma o se inyecta a los dos y a los cuatro meses. Una tercera dosis se da entre los seis y los 18 meses.

Esto puede parecer demasiado para un bebé, pero hay que pensar que todas estas dolencias pueden causar la muerte o enfermedades serias en los niños. Cuando yo (Jean B) empezaba mi carrera de enfermera, recuerdo que un bebé murió de tos ferina o convulsiva en mis brazos. Sentí muchísima tristeza porque esa muerte se pudo haber prevenido si lo hubieran inmunizado. *¡No arriesgues a tu bebé!*

Como ya se ha dicho, es también *muy importante* mantener el récord de las inmunizaciones de un niño. Si pierdes el récord, haz otro enseguida. Cuando tu hijo esté en edad escolar, esa información será requisito para la escuela. Puede ser difícil obtenerla varios años más tarde.

Las inmunizaciones las proporciona gratis el departamento de salud y a veces las ofrecen en los parques locales. Si no sabes dónde llevar a tu bebé para sus inyecciones, pídele la información a la enfermera de la escuela.

Para información más detallada sobre las inmunizaciones para tu bebé, consulta *El primer año de tu bebé,* de Lindsay.

Llamar al médico

Cuando no sabes qué hacer porque algo anda mal con el bebé, llamas al médico. Él se puede enojar si te sobrepasas – el mío lo hizo una vez – pero es mejor prevenir que lamentar.

A veces, si estoy preocupada pero no creo que es nada serio, hablo con otra madre antes de llamar al médico. Si Robin tiene fiebre o parece enferma, lo llamo.

Melinda, 15 – Robin, 9 meses

¿Cuándo debes llamar al proveedor de atención médica? Si le tomas la temperatura al bebé bajo el brazo (más seguro y menos molesto para el bebé que meterle un termómetro en el recto), y marca más de 101 grados, llama.

La mejor manera de tomarla bajo el brazo (temperatura

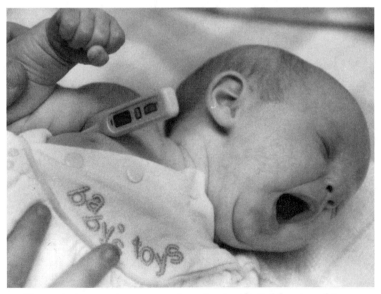

Tomar la temperatura con un termómetro digital funciona bien.

axilar) es con un termómetro desechable o digital, a la venta
en las farmacias. Si es posible, usa éstos para tomar la
temperatura del bebé. Si no, usa termómetro de vidrio.

Si a tu bebé le sale una erupción inesperada e inexplicable,
llama a tu proveedor de atención médica.

Muchos bebés escupen de vez en cuando durante los dos
primeros meses. Esto se debe por lo general a una
combinación de terrones de leche parcialmente digerida
mezclada con un fluido acuoso. Es que su sistema digestivo
no está completamente maduro. Esto sucede con más
frecuencia en bebés prematuros. Escupe menos si le das de
comer por poquitos más veces al día y lo manejas muy
delicadamente después de comer.

Por lo general, no hay que preocuparse porque escupa. Pero
si después de comer el bebé de repente vomita casi todo lo
que ha comido, llama a tu proveedor de atención médica
en el acto.

Antes de llamar al médico, anota la condición del bebé para
describir los síntomas con más precisión:

- ¿Tiene tos? ¿Cuánto tiempo?

- ¿Ha perdido el apetito?

- ¿Tiene diarrea?

- ¿Cuántos grados de temperatura tiene?

- ¿Ha estado expuesto a alguna dolencia? ¿Ha recibido
todas las inmunizaciones que le corresponden hasta este
momento?

Si tu proveedor de atención médica le receta algún medicamento, pregúntale si le debes dar todo lo que hay en el frasco
o si se lo debes dar sólo un número determinado de días.

La diarrea puede ser algo serio

La diarrea puede ser un problema serio para un bebé. No se
diagnostica por el número de evacuaciones que tiene en un
día. Lo más importante es la consistencia de la evacuación.

Diarrea: evacuación de vientre de muy mal olor.

Si el bebé tiene esta condición por doce horas, llama al proveedor de atención médica. La diarrea le puede hacer perder rápidamente una cantidad peligrosa de fluído. Examínale la fontanela o mollera (la parte blanda). Una fontanela hundida puede indicar un problema serio.

La mejor manera de tratar la diarrea es darle al bebé líquidos claros y nada más durante 24 horas. Los líquidos que le debes dar incluyen Pedialyte (líquido que se puede comprar sin receta en una farmacia o tienda), agua clara o agua mezclada con jugo de manzana (una cucharada de jugo de manzana en ocho onzas de agua). Dale tanto líquido como pueda tomar. Si estás dando el pecho, sigue haciéndolo.

¿Hernia? Consultar con el médico

Si crees que tu bebé puede tener hernia, consulta con el proveedor de atención médica.

Hernia: abultamiento alrededor del ombligo
o en el pliegue entre la pierna y la barriga.

Esto se nota después que el bebé ha llorado mucho o ha hecho mucha fuerza para evacuar. A veces desaparece sola, pero una que otra vez requiere una cirugía sencilla. Si tu médico recomienda cirugía, por lo general se hace durante el segundo año del bebé.

Tratar la fiebre

La fiebre es uno de los primeros síntomas de enfermedad que presenta un bebé y no la debes ignorar. ¿Qué puedes hacer en casa si tiene fiebre? Darle Tylenol u otra sustancia para quitar el dolor, que no tenga aspirina, según lo recomiende el médico.

Los baños refrescantes son otra manera de bajar la fiebre.

Si el bebé tirita cuando lo bañas es que el agua está demasiado fría. Una buena manera de darle este baño es meter una toalla en agua tibia y luego envolver al bebé en la toalla mojada. Esto le sirve para bajar la temperatura y que no tirite.

El agua tibia es lo mejor que se puede usar. No uses alcohol porque los vapores pueden ser peligrosos cuando el bebé respira.

También es importante darle líquidos cuando tiene fiebre. Si la causa es dolor de garganta, a lo mejor no quiere mamar mucho.

Esa infección en la garganta que le dio a Lynn fue terrible. La llevé al médico y me dieron penicilina para que se la diera.

Estaba bien enfermita—nada se le quedaba adentro. No podía mamar de la mamadera porque le dolía tanto la garganta. Lloraba mucho. Nosotros nos dormíamos y a los 15 minutos nos despertaba.

Sheryl Ann, 17 – Lynn, 7 meses

Cuando tu bebé tiene una infección de oído, llama al proveedor de atención médica. Un medicamento para el dolor que no tenga aspirina le puede aliviar el dolor y la fiebre pero no mata los gérmenes que causan la infección en el oído.

En una de tus primeras visitas, pregúntale al médico lo que debes hacer si le da infección de oído a tu bebé. Ciertos proveedores de atención médica quieren ver al bebé enseguida. Otros a lo mejor recomiendan otras cosas primero, como un anticongestivo. Sigue las recomendaciones pero no ignores este mal.

Como ya se ha dicho en el capítulo 2, las infecciones de oído de muchos recién nacidos se deben a biberones recostados.

El resfriado común

Casi todos los niños se resfrían durante los dos primeros años. Los resfriados son más contagiosos los primeros dos días, a veces antes de que el portador sepa que está enfermo, así que es imposible protegerlo completamente para que no pesque su primer resfriado. Marlene mantuvo un récord de esos días:

9/4: Hoy Evan tiene un poquito de tos. Ojalá que no empeore.

9/5: Evan tiene moquera y la tos está peor.

9/6: El resfriado de Evan está empeorando. Tiene la nariz tupida. Llamé al médico y me dijo que le pusiera solución salina normal en la nariz porque le es difícil respirar. Lo voy a llevar al médico mañana porque quiero estar segura. Mi mamá me está ayudando.

9/8: Hoy Evan despertó como a las 9:00 y durmió casi todo el día. Todavía tiene tos. La moquera está mejor pero todavía se congestiona de vez en cuando. De noche, como siempre, protesta mucho, pero al fin se duerme cuando lo tengo en brazos y le canto como de costumbre.

9/9: Evan cumple un mes. Pasa despierto bastante. Eso no me molesta. Lo que me gustaría es que se le quitara la lloradera.

9/10: Ojalá se le quitara el resfriado. El médico dice que no podemos darle ningún medicamento porque está muy recién nacido. Me da tanta lástima porque el pobrecito lo está pasando muy mal.

9/12: Todavía está enfermo. Está despierto mucho tiempo y siempre llorando.

Odio este resfriado. En estos días no tengo tiempo para nada porque siempre está despierto y llorando porque no se siente bien.

9/14: Al fin se está sintiendo mejor.

Ni tú ni tu proveedor de atención médica pueden "curar" el resfriado de tu bebé — esto no tiene cura conocida. Pero se le puede ayudar a sentirse más confortable. Si tiene fiebre o dolor de cabeza, el Tylenol puede servirle.

Si moquea o tiene la nariz tupida, usa una jeringuilla de bombilla para limpiarle la nariz. La solución salina normal se puede obtener sin receta en cualquier farmacia. Probablemente en el hospital te dieron una jeringuilla de bombilla precisamente para esto.

Los anticongestivos tal vez pueden darle alivio. Si le duele la nariz, se le puede untar alguna crema o ungüento.

Si tiene tos, el médico tal vez recomiende un expectorante. Si tiene la nariz tupida, un humidificador de vapor frío le facilitará la respiración. Los vaporizadores antiguos son peligrosos y no funcionan muy bien.

Si no quiere comer, no te preocupes. Cuando se sienta mejor va a tener hambre otra vez. Haz lo posible porque tome agua.

La frecuencia con que se resfríe tu bebé depende de dos cosas: la cantidad de personas resfriadas a su alrededor y su propia resistencia.

La nariz tupida puede ser por alergia. Si una madre fuma durante el embarazo, su bebé corre mayor riesgo de tener asma y otras alergias. El humo de segunda mano puede tener el mismo efecto en bebés pequeños y otros niños. Una casa sin humo es un magnífico regalo que se le puede dar a un niño. No respirar humo puede significar menos afecciones respiratorias.

Muchas alergias desaparecen para cuando el bebé está mejor ajustado a la vida fuera de casa. Primero, tienes que asegurar que su dieta sea apropiada, que duerma lo suficiente y reciba buena atención física además de una interminable cantidad de cariño.

Cuando no se siente bien, llama al proveedor de atención médica. Ayúdala a sentirse lo más confortable posible. Es de esperarse que pronto se sienta bien y esté tan activa como antes.

Mantener al bebé sano y salvo

Una casa a prueba de accidentes es *absolutamente* esencial para la seguridad del bebé, párvulo o preescolar que la habita. Los accidentes lesionan o matan a muchos niños pequeños todos los años. Mantener a tu niño sano y salvo es uno de tus mayores retos.

Jamás dejes a tu bebé solo en una mesa de cambiar pañales, cama u otra superficie alta ni por un segundo. El bebé que no se podía voltear ayer tal vez lo puede hacer hoy.

Cuando visites a tus amistades, pon una mantita en el suelo. Así tu bebé puede dormir como si estuviera en la cama y se siente mucho más segura. No se puede caer del suelo. Ten cuidado de que esté protegida de mascotas y niños pequeños.

Tu bebé no debe tener almohada en la cama. Una almohada puede ocasionarle problemas para respirar si mete la cara en ella. Si la abuelita le hizo una hermosa almohadilla bordada, agradécela pero ponla en otro lugar, no en la cuna.

Hasta que se pueda voltear sola, acuéstala siempre boca arriba a la hora de dormir. Esto aminora el peligro de síndrome de muerte infantil repentina, o SIDS, por las siglas en inglés para "sudden infant death syndrome".

Una mamila recostada es peligrosa para un bebé pequeñito. Se puede ahogar si la fórmula sale muy rápido del biberón recostado. También se puede atorar con cuajos de leche si se le ocurre escupir. A lo mejor no se puede aclarar la garganta.

Jamás dejes a tu bebé sola en la casa, aunque tengas la completa seguridad de que está profundamente dormida. ¡Y *jamás* lo dejes solo en el auto!

Mantener al bebé sano y salvo en la casa, en el auto, o dondequiera que uno va, es una gran responsabilidad. Tienes que estar consciente de que, en este momento, ¡tu bebé depende de ti para *todo*!

Bebé y papá crean lazos.

6

Papá también es parte de la crianza

- **Todo el mundo gana si papá participa**

- **¿Cuáles son tus derechos?**

- **Responsabilidades de un padre**

- **Compartir la atención al recién nacido**

- **Si no vives con tu bebé**

Yo estaba emocionado. Mia y yo frotamos el estómago y le hablábamos a la bebé muchas veces—y entonces nació Isabel. Fue una alegría que nunca olvidaré. Estuve presente desde las contracciones hasta el momento del parto y me quedé en el hospital con ella y con Mia.

Eso fue un poco difícil. Nosotros no estábamos acostumbrados a que nadie nos despertara a la media noche. Llevarla a casa fue emocionante. Me quedé en la casa de Mia la primera noche. Después, me quedaba hasta la 1 a.m. más o menos. Yo estaba un poco celoso porque Mia estaba con la bebé las 24 horas. Yo quería estar allí también.

Mike, 18 – Isabel, 6 semanas

Todo el mundo gana si papá participa

Muchas madres jóvenes crian a su hijo solas. Este libro ha sido escrito para ellas. También es para:

- Parejas jóvenes que están criando a su hijo en conjunto.
- Padres jóvenes que participan en la crianza, o a quienes les gustaría hacerlo, sea que estén "con" la madre o no.
- Padres adolescentes que están criando solos.

Si tú y la madre del bebé no están casados, es importante que tú establezcas la paternidad. Esto significa que los dos deben firmar documentos legales que indiquen que tú eres el padre del bebé. Si no lo haces, tu bebé tal vez no podrá recibir Seguro Social, seguros, beneficios de veteranos y otros que le puedan corresponder por parte tuya.

Tu hijo necesita de tu cariño y atención. También necesita manutención económica. La ley requiere que tanto el padre como la madre mantengan a su hijo o hija.

¿Cuáles son tus derechos?

¿Qué tal si tú eres el padre y la madre no quiere que veas al bebé? Debes estar enterado de tus derechos.

Si tú provees cierta manutención monetaria—y por lo general aun si no lo haces—tienes el derecho de ver a tu bebé. Por ley, a lo mejor puedes tener el derecho de que tu hijo esté contigo parte del tiempo. El padre y la madre que no estén de acuerdo en este asunto deben consultar con un abogado o grupo de ayuda legal.

¿Has declarado la paternidad? Repetimos, éste es un paso importante ya sea que tú y la madre estén juntos o no.

Los padres tienen el derecho de ver a su hijo y a veces necesitan tomar la iniciativa. Es conveniente llevar un récord de las veces que visitas a tu hijo. Debes tener recibos escritos del dinero que provees para la manutención del niño. Esta información podrá servir en caso de que algún día tengas que probar tu interés en tu hijo frente a una corte de justicia.

Responsabilidades de un padre

Es importante que hagas todo lo posible por dar apoyo monetario a tu familia. Tal vez tengas que conseguir un empleo bien pronto. Pero continuar tu educación es también sumamente importante.

¿Tienes seguro médico? Si es así, averigua si también cubre a tu bebé.

A veces los padres sienten celos cuando nace el bebé. Tu pareja puede parecer totalmente atenta al bebé y no tener tiempo para ti. Tal vez parece agotada casi todo el tiempo. Tu mejor defensa es participar lo más posible con ella en la atención al bebé.

Si ella piensa amamantar al bebé, necesita tu estímulo y apoyo. Lee el capítulo 2.

Aunque no puedas contribur monetariamente en este momento, sí puedes contribuir en la atención de tu bebé. Si ambos están en la escuela, tal vez les convenga hacer un horario que les permita atender al bebé y también hacer las tareas escolares.

Compartir la atención al recién nacido

Esa primera semana toda mi atención se centró en la bebé, nada más. Básicamente, los dos tratamos de establecer lazos con ella la semana entera. Para mí era todavía más importante porque la semana siguiente tenía que volver al trabajo y a la escuela.

Cuando regresé al trabajo, me sentí mal. Me daban celos porque yo quería estar allá más que nada. Las tenía presentes todo el tiempo. De cuando en cuando hacía una llamada furtiva sólo para saber de la bebé.

Mike

Sin duda que tu bebé es una personita encantadora gran parte del tiempo. Atender a tu bebé puede gratificarlos a los dos. De hecho, esto puede ser una relación muy especial tanto para el padre como para el bebé.

Un bebé pequeñito en la casa, uno que pasa despierto y que llora casi toda la noche, hace difícil que el padre y la madre descansen lo suficiente. Considerar que la atención del bebé es responsabilidad de la madre solamente no es muy lógico. La atención del bebé requiere mucha energía. Cuando la mamá y el papá comparten esa tarea, es muy probable que disfruten más de la crianza.

Cuando regresé a casa, estaba cansada de verdad. Como el segundo día empecé a sentirme mejor. Pero mi esposo estaba allí y me ayudó. Por lo general él era quien se despertaba a las 3 a.m. para darle de comer.

Zaria, 16 – Devyn, 3 meses

Si no vives con tu bebé

Cada vez que no estoy en el trabajo, como dos mañanas por semana, estoy con Julia.

La llevé a casa como a la semana de nacida cuando la mamá volvió a la escuela. Julia duerme un par de horas, después le cambio el pañal y le doy de comer. Nunca le recostaría la mamila.

He tomado dos clases sobre crianza y me han servido.

Philip, 17 – Julia, 2 meses

Tú puedes tener una relación estrecha con la madre de tu bebé aunque no vivan juntos. A lo mejor tomaron juntos las clases de preparación para el parto. A lo mejor participaste activamente preparando a la madre durante los dolores y el parto. Tal vez atiendes al bebé lo más que puedes.

Si el padre y la madre no están casados, ¿cuánto "debe" incluirse al padre? Si la familia joven convive, es posible que se sientan lo mismo que las parejas casadas en lo que se refiere a la crianza en conjunto. Si no viven juntos, no existe un patrón determinado que deben seguir. Pero, de todos modos, el papá puede jugar un papel importante en la vida de su bebé.

Arregla un horario de modo que la mamá tenga un poco de tiempo libre. Muchas veces, la joven mamá carga con toda la responsabilidad de atender al bebé mientras que el padre ni siquiera visita a su bebé. En un caso así, todo el mundo pierde.

A veces el padre se siente apartado porque la mamá parece saber más sobre la atención del bebé que él.

Brooke me trata como si yo fuera el niñero, como que yo no fuera el padre. Al fin me deja cambiarle el pañal y darle de comer. Al principio revoloteaba al pie de mí, como que yo no supiera lo que hacía, como que ella hubiera criado a tantos niños. Ella sólo había ayudado, no los había criado.

Joel, 19 – Blair, 3 meses

Lo mejor que puede hacer Joel es, probablemente, aprender. Él es más que niñero y está consciente de ello. Él y Brooke tienen que hablar de estos sentimientos. Brooke probablemente estará menos nerviosa y, por lo tanto, menos mandona cuando Blair crezca un poquito. Eso sí, nadie ganaría si Joel decidiera dejar de atender a su hijo porque considera que la actitud de la madre no es positiva para con él.

Yo voy a hacer con Blair lo que no tuve yo. Mi padre no siempre se portó apropiadamente. No estaba con nosotros muy a menudo. Yo tomé eso en cuenta y me propongo ser un mejor padre que el que tuve yo.

Joel

Tu hijo y tú ganan si tú participas en la vida de él. *¡Disfruta!*

Para mayor información, ver Teen Dads: Rights, Responsibilities and Joys, por Lindsay (Morning Glory).

A veces la mamá tiene que criar sola.

7

La mamá
y la familia extensa

Me hubiera sentido aún más sola si el padre hubiera estado conmigo durante todo el embarazo y luego se hubiera ido. Pero él se fue tres meses después que quedé embarazada. No tengo contacto alguno con él. Él está completamente fuera del cuadro.

A veces veo a una amiga con su novio y su bebé y entonces me gustaría que Orlando tuviera padre. ¡Pero otras veces me pregunto si me gustaría compartir!

Holly, 17 – Orlando, 5 meses

Es difíl ser padre y madre al mismo tiempo. Sería bueno tener a un padre cerca, pero no puedo hacer nada al respecto. Cuando

Pedro crezca, no sé qué le voy a decir. Su padre nunca supo que yo estaba embarazada. Yo escribí "desconocido" en el certificado de nacimiento.

Mi hermano mayor está cerca y él lo carga. Me parece que eso va a ayudar.

Maria, 17 – Pedro, 2 meses

Más o menos cinco de seis madres adolescentes no están casadas cuando dan a luz. Algunas de estas madres jóvenes se encuentran realmente solas. El padre del bebé tal vez se fue cuando se enteró del embarazo. En ciertos casos, a lo mejor ni sabe de la existencia del bebé.

Maria pasó mucho trabajo durante tres años. Vivía en casa de su familia y asistía a la escuela con bastante regularidad. Cuando Pedro tenía tres años, Maria se casó con Ralph (que no es el padre de Pedro). Ahora tienen cuatro hijos incluyendo a Pedro.

El hecho de que el padre de tu hijo no esté cerca no significa que nunca va a tener un padre. Un padre "verdadero" es uno que participa activamente en la crianza. Ralph es el padre verdadero de Pedro porque él es quien ha tomado esa función.

Demanda de mantención del menor

Quiero tener custodia total de mi hija. Quiero estar segura de que él no me la va a quitar más adelante. Me entristezco y me decepciono porque él dice que se preocupa por mi hija. Dice que quiere verla todo el tiempo, pero sólo la ha visto tres veces. Nuestras casas están a sólo cinco cuadras una de otra, pero él no halla el tiempo para venir a verla. La mamá de él sí viene todo el tiempo pero él no.

Lacey, 16 – Jenilee, 1 mes

Lacey no está segura de si quiere presentar demanda para mantención del menor. Ciertas madres jóvenes prefieren ni mencionar el nombre del padre. No demandan mantención del menor porque, dicen, "yo lo puedo criar sola".

Esto no es justo para la criatura. Aunque el padre no tenga ni trabajo ni dinero en este momento, aunque no quieras que tu hijo lo conozca, de todos modos es importante que el padre no quede por fuera de la vida del hijo por siempre.

Si el padre provee algo de dinero para su mantención, y a veces aunque no lo haga, él tiene el derecho de ver a su bebé. Según la ley, a lo mejor puede tener derecho a estar con su bebé parte del tiempo. Si el padre y la madre no se ponen de acuerdo, conviene que consulten con un abogado o un grupo de ayuda legal.

La ley requiere que tanto la madre como el padre mantengan a su hijo, ya sea o no que planearan juntos tenerlo. Una criatura que depende de las entradas de sólo uno de sus progenitores probablemente va a ser pobre. Como se dijo en el capítulo 6, la criatura tiene derecho a recibir beneficios que corresponden a ambos, beneficios como Seguro Social, seguros, herencias, beneficios de veteranos y otros. Tienes que establecer la paternidad para que tu hijo pueda reclamar tales beneficios. En ciertos estados, la paternidad se establece cuando el padre y la madre firman un documento que indica que él es el padre.

Si el padre se niega a admitir la paternidad, a lo mejor tienes que llevarlo a la corte. Las pruebas de sangre identifican con casi 100% de exactitud al padre de un niño. Éstas son pruebas genéticas que comparan muchos factores en tu sangre con partes similares de la sangre del hombre y de la del bebé.

El "qué dirán"

Estar sola durante y después del embarazo es muy difícil para muchas mamás. Otras personas pueden hacer este período aun más difícil.

Cuando ves a alguien con el padre, te dan ganas de llorar porque tú no vas a tener un padre para tu bebé. Yo oía a

*muchas muchachas hablar del padre del bebé y que no
estamos juntos.*

*Me preguntaban cosas como: "¿Estás con el padre del
bebé? ¿Se van a casar?"*

*Tienes que contestarles y es bochornoso. A veces hasta te
dan ganas de llorar.*

Goldie, 17 – Jimmy, 3 meses

Tú *no* "tienes que contestarles". Está bien decir "Prefiero
no hablar de eso". No le debes explicaciones a nadie. Por otro
lado, a veces sirve hablar de nuestros problemas con personas
de confianza. Cuando estás criando sola, la ayuda de unas
cuantas buenas amistades puede servir de mucho.

Más o menos la mitad de todos los niños de Estados
Unidos hoy día pasan parte de su vida con sólo uno de sus
progenitores. Muchos todavía piensan que es mejor que un
niño esté con ambos progenitores. Pero por seguro una madre
soltera puede ser amorosa y "buena" progenitora. Lo único es
que requiere un esfuerzo un poco mayor.

Ayuda de la abuelita

*Mi mamá me dice una que otra cosita—como que ha
notado que las nalguitas de Isabel se le estaban enrojeciendo.
Me dijo que le debía untar vaselina. Yo lo hice, y se le quitó.
La primera vez que le preparé el biberón, me puse a llorar
porque no sabía qué hacer. Mi mamá me dijo: "No, esto se
hace así". Y me mostró paso a paso.*

Mia, 18 – Isabel, 6 semanas

Es más probable que una madre joven, casada o soltera,
viva con sus padres que una madre de más edad. ¿Cómo
cambia esa circunstancia el enfoque en la atención y crianza
del niño?

En lo positivo, inspira confianza y se cansa uno menos
cuando tiene ayuda para atender al bebé. Las madres
primerizas de repente consideran que no saben cómo atender a

este pequeño ser. Tener a tu madre en la misma casa puede ser confortable. Durante las primeras semanas de dar la comida por la noche, a lo mejor ella es quien se levanta de vez en cuando para darle de comer al bebé mientras tú duermes.

Si el padre del bebé no está contigo, tal vez necesitas más ayuda de la abuelita. Para muchas madres primerizas que viven con sus padres, el primer par de meses es una especie de "luna de miel". A lo mejor tus padres están ansiosos por ayudarte.

Una noche estaba yo muy frustrada. Isabel tenía hambre, pero yo quería cambiarla primero porque había hecho caca. Ella empezó a gritar y metió el pie en la caca y yo me alteré. Mi mamá me dijo: "¿Te puedo ayudar?" Entonces me trajo el biberón y me dijo: "Cálmate". Eso me sirvió mucho.

Mia

Si tienes hermanos y hermanas, a lo mejor se pelean por cargar al bebé. Aprecia la ayuda de ellos mientras tú haces lo más que puedes por tu bebé.

A mi hermanita y a mi hermanito les encanta cargar a Tajanell. De vez en cuando se enojan y discuten para cargarla: "Ahora me toca a mí". A veces le dan de comer, o la cargan mientras miran TV.

LaTasha, 16 – Tajanell, 6 semanas

"¿Quién es mi madre?"

Lo más chévere de las abuelas es que tienen experiencia. Han aprendido de sus errores. Se toman el tiempo y han aprendido a ser pacientes con un bebé agitado.

Es menos chévere que a veces los abuelos se toman demasiada responsabilidad. Parece como que se olvidan de quién es la mamá.

Si la abuela se hace cargo al principio, tal vez va a ser más difícil para la madre del bebé hacerse cargo más adelante.

Como resultado, en muchos casos un bebé cree que su abuelita es su mamá. Entonces la madre se siente marginada y lo resiente. El que recibe más daño en esta situación es el bebé que no está seguro de quién es su madre.

De vez en cuando pesco a mi mamá haciendo el papel de madre. Lo entiendo porque ella tiene experiencia. Además, lo necesito cuando estoy cansada o no me siento bien. Pero otras veces no me gusta.

A veces estoy jugando con Karl y viene ella y se lo lleva . Eso no me gusta para nada.

A veces tengo que explicarle a mi mamá que yo tengo la responsabilidad de ser madre y quiero hacerlo por completo. Yo sé cuándo Karl tiene hambre, cuándo necesita un baño, etc., pero mi mamá todavía intenta decirme cómo hacer todas esas cosas. Trato de no molestarme – pero me molesta.

Kimberly, 17 – Karl, 2 meses

La clave—hacerse responsable

Me imaginé que mi mamá se iba a encargar de Racquelle todo el tiempo. Con mis dos hermanas que salieron embarazadas a los 16 años, ella se hizo cargo. Ellas no sabían ni papa sobre la atención de sus bebés.

Cuando traje a Racquelle a casa, la atendí yo misma todo el tiempo. Le demostré a mi mamá que yo podía hacerlo. Ahora sabe que no tiene que atenderla a ella, así que a veces hace de niñera cuando yo quiero salir.

Cheryl, 15 – Racquelle, 2 meses

A veces las madres jóvenes tienen más ayuda de la que quieren. Si ésta es tu situación, tal vez le puedes ayudar a la familia – tus padres, hermanos, al bebé y a ti –a que sepan que tú tienes la responsabilidad primaria en la atención al bebé. Si al principio, aunque estés cansada, les demuestras que sabes ser buena madre, tal vez sientan que no tienen que ayudarte y aconsejarte más de lo que tú necesitas.

Si eres una madre joven que vive con los padres, tal vez te parezca que no tienes otro recurso. Probablemente también vas a apreciar su ayuda. Una familia extensa de bebé, madre y/o padre y abuelos en sus mejores momentos significa más amor y cariño para tu bebé —¡y eso es fantástico!

Vivir con la familia de la pareja

Si te mudas a casa de la familia de tu pareja, pueden surgir dificultades adicionales. No hay dos familias iguales y las diferencias pueden requerir mucha comprensión de parte de todos.

En mi casa éramos solamente cuatro. Aquí hay muchos. En esta casa viven diez y hay mucha bulla – TV bien alta, música muy alta. Eso me molesta, pero tengo que acostumbrarme.

Allegra, 17 – Navaeh, 6 semanas

Si tu pareja y tú son de distinta cultura, puede ser aun más difícil.

Es bien difícil porque la familia de Colin es de una cultura diferente. Yo soy blanca y ellos son mexicanos. Eso dificulta las cosas. A ellos los criaron de manera distinta que a mí. Me siento como que tengo que crecer como crecen ellos y no estoy acostumbrada a eso.

¿Van a criar a Clancy hablando inglés y español, o sólo inglés? A mí me gustaría que aprendiera los dos idiomas, pero quisiera enseñarle a que hablara español sólo con los miembros de la familia que hablan sólo español. Hay muchos de ellos.

Yo estoy tratando de aprender español, pero me resulta realmente difícil comunicarme con su familia. Cuando quieren saber algo acerca del bebé, generalmente lo hago por intermedio de Colin o su papá porque hablan los dos idiomas. Yo estoy tratando de aprenderlo para poder hablarle a Clancy en los dos idiomas.

Chelsea, 19 – Clancy, 2 meses

Chelsea es muy sensata al aprender español y querer que su hijo aprenda ambos idiomas. La comunicación es importante y eso es sumamente difícil si no hablas el mismo idioma.

Aunque hables el mismo idioma que la familia de tu pareja, a lo mejor a ti te criaron con distintas creencias y maneras de hacer las cosas. Tal vez tu mamá y tu papá compartían las tareas de la casa y la atención a los niños, pero en la familia de tu pareja, la mamá hace todo eso sola.

La vida pocas veces es fácil cuando dos familias viven juntas. Si tú eres huésped de la familia de tu pareja, debes hacer lo posible por cultivar relaciones positivas. Tu primera tarea es comunicarte con tu pareja.

La comunicación no significa que tienes que decirle que sus padres son malos . Más bien, es asunto de resolver los problemas entre ambos. Ya sea que se trate de asuntos importantes o tonterías del diario vivir, haz todo lo posible por encontrar una solución a fin de que todo el mundo gane.

Todo anda bastante bien. A veces hay momentos difíciles. Nosotros hablamos sobre eso y una vez que llegamos a un acuerdo, estamos bien.

Poco después de casarnos, los padres de él oyeron algo en una fiesta. Estaban muy alterados. Nos sentamos, hablamos del asunto, lloramos juntos y todo volvió a la normalidad.

Zaria, 16 – Devyn, 3 meses

¿Estarán de acuerdo todos?

Mi mamá es buena de veras y me ayuda muchísimo. Pero en ciertas cosas no estoy de acuerdo con ella. Yo no considero que uno puede malcriar a un recién nacido y estoy convencida de eso.

De ninguna manera creo que puedes malcriar a un recién nacido. Necesita todo el cariño posible.

Mi mamá me dice que no debo cargar a Patty cuando llora, pero yo no la dejo llorar mucho rato. Le digo a mi mamá que los tiempos cambian, que ella crió a cinco, pero que yo también he aprendido unas cuantas cosas.

Beth, 18 – Patty, 3 semanas

Ya sea que estés con tu familia o con la de tu pareja, con más personas en la casa, habrá más interacciones. Más personas se despertarán cuando el bebé llore. Más personas van a resentir el barullo de los pañales mojados y otras objetos del bebé a su alrededor.

Con más personas, también habrá más desacuerdos, sobre si la bebé necesita que la carguen cuando llora, o si sólo es que quiere dormir. "No la cargues, la vas a malcriar" puede significar batalla si es la abuelita quien lo dice a una madre joven convencida de que el llanto del bebé quiere decir que algo anda mal.

Tu mejor defensa es la educación. Aprende cómo y por qué le pasan ciertas cosas al bebé. Tus respuestas con conocimiento a sugerencias de otros son los instrumentos necesarios.

Tres generaciones, bebé, padres y abuelos, viviendo en la misma casa o apartamento, significa que todos tienen que dar un poquito, a veces mucho. Cuando te enojes, trata de recordar que todo ese cariño extra puede ser una verdadera ventaja para tu bebé.

El bebé trae grandes cambios en la vida.

8

Cambios rápidos para bebé, mamá y papá

- **Otros que cuidan**

- **Relación con tu pareja**

- **¿Otro bebé? ¿Cuándo?**

- **Cambios en el estilo de vida**

Racquelle tiene ya siete semanas. Parece más una niñita y está mucho más grande que cuando nació. Al principio yo la cargaba constantemente. Ahora extiendo una mantita y ella se queda tranquila allí.

Cheryl, 15 – Racquelle, 2 meses

Mi estilo de vida es completamente diferente. Antes, me disponía y salía y hacía las cosas que se me ocurrían. Pero ahora tengo que hacer planes adelantados. También tienes que planear tu vida—ella está contigo y, claro, tu vida tiene que ser diferente. Especialmente el dinero—ahora no puedes gastar el dinero en todo lo que se te antoja.

Lola Jane, 16 – Bailey, 2 meses

Otros que cuidan

Cuando atiendes a tu bebé vas a notar cambios tremendos durante las primeras semanas "afuera". Tú estás trabajando duro y puedes estar agotada, pero verla desarrollarse realmente vale la pena.

Especialmente si estás dando el pecho, a lo mejor va a ser más fácil tanto para ti como para el bebé si no sales con él mucho o sales sin él durante esas primeras semanas.

Sin embargo, pronto vas a querer salir y hacer algo sola de vez en cuando. Puede ser que necesites un empleo y/o mejorar tus destrezas de trabajo. Si no te has graduado todavía, tienes que regresar a la escuela. Si tienes suerte, vives en un distrito escolar que tiene guardería infantil en el lugar.

Cuando dejes a tu bebé con alguien, ten cuidado de dejar números de teléfono importantes: tu médico, un vecino generoso, los bomberos, la policía, así como la manera exacta de ponerse en contacto contigo mientras estás fuera. Pon los números donde le sea fácil a la niñera encontrarlos enseguida. A veces hay quienes dejan etiquetas de Medicaid con la niñera si van a estar fuera bastante tiempo.

Cada vez que dejes a tu hijo al cuidado de otro, es muy sensato darle a esa persona una tarjeta firmada para emergencias médicas. Puede escribirse así: "_____ *tiene mi autorización para obtener atención médica de emergencia que necesite mi hijo/hija*". Tienes que firmar esa tarjeta. Por lo general, no se da atención médica a ningún niño sin el permiso de la madre o el padre.

Relación con tu pareja

Si tienes pareja, tal vez te preguntes cómo es el asunto de las relaciones sexuales con él después del nacimiento del bebé. Los hombres a veces se preguntan cuánto hay que esperar, y las mamás se preocupan más de si les va a doler, o de si van a querer las relaciones o no. Lo cierto es que puedes estar tan cansada esas primeras semanas después del parto que ni siquiera te interesan las relaciones sexuales.

Es importante que el médico te examine antes de volver a las relaciones sexuales después del parto. La primera vez, o hasta la segunda, los tejidos van a estar todavía delicados y él y ella deben tener paciencia mutua. La abertura vaginal va a estar del mismo tamaño que tenía antes de las primeras relaciones. Al principio, los jugos hormonales que mantienen húmeda esa área tal vez no van a funcionar muy bien. Por supuesto que productos como "KY jelly" y otras jaleas que se venden como anticonceptivos pueden servir.

¿Otro bebé? ¿Cuándo?

¿Otro bebé? No muy pronto. Tenemos mucho cuidado anticonceptivo porque no queremos otro bebé enseguida. Eso sería muy difícil porque tendríamos que gastar el doble en pañales y todo lo demás. Todo sería más difícil. También va a ser más fácil cuando Keegan tenga 3 ó 4 años porque va a saber más. No va a llorar tanto. Hemos decidido esperar.

Randy, 17 – Keegan, 2 meses

Las parejas tienen que pensar y hablar sobre planes futuros para tener familia. ¿Cuán pronto quieres otro hijo? Muchas madres jóvenes, casadas y solteras, no quieren otro bebé enseguida. Desde el punto de vista físico, sus cuerpos necesitan tiempo para recuperarse del embarazo anterior.

El dar el pecho no previene otro embarazo. La concepción tiene lugar *antes* del período menstrual. Aunque no hayas tenido un período o regla después del parto, puedes quedar embarazada. La ovulación puede empezar a las dos semanas después del parto—es decir que puedes quedar embarazada otra vez. Más bien, concéntrate en tu bebé en este momento en vez de seguir con otro enseguida.

Ciertos médicos recomiendan inyecciones anticonceptivas de Depo-Provera después del parto cuando estás aún en el hospital. Si estás amamantando, es mejor esperar hasta que la producción de leche esté bien establecida—una o dos semanas. Si eliges este método de control de la natalidad, necesitas otra inyección cada tres meses.

El implante anticonceptivo también es bueno para madres que amamantan, mientras que la píldora o el parche podrían disminuir la cantidad de leche.

Consulta el capítulo 14 del libro *Tu embarazo y el nacimiento del bebé* para mayor información sobre métodos de planificación familiar.

Los bebés a veces resultan por accidente. Si tú no quieres quedar embarazada otra vez pronto, tú y tu pareja tienen que discutir un plan preventivo. O se tienen que abstener completamente de relaciones sexuales o tienes que usar anticonceptivos *cada vez*.

Cambios en el estilo de vida

A menudo una madre adolescente – y también casi todos los padres – descubren que la atención de un bebé pequeñito cambia mucho su estilo de vida. Si le estás dando de mamar, eres completamente responsable por darle de comer al bebé. Hasta puedes pensar que no haces mucho más que darle de comer esos primeros días.

No puedo hacer lo que me gustaría hacer, como ir a la playa. Tengo que quedarme en casa con el bebé. No estoy tan libre como antes. Tengo que lavar ropa y preparar fórmula. Mis amistades no me llaman como antes. Eso me molesta. A mí me gusta ir de compras y ahora ya no puedo hacerlo. No puedo salir con muchachos porque tengo que estar con Chandra todo el tiempo.

Maria, 18 – Chandra, 6 semanas

A medida que tu bebé crece, podrás incluirla en algunas de tus actividades. Tal vez la vida no será nunca más tan sencilla y despreocupada como antes – ya no puedes decidir ir a la playa o al río así de momento. Hasta ir de compras con un bebé es complicado. Pero cuando se planea bien, se puede hacer. ¡Buena suerte!

Recursos para padres de recién nacidos

Karp, Harvey. *The Happiest Baby on the Block: The New Way to Calm Crying and Help Your Newborn Baby Sleep Longer.* 2003. 288 págs., $14, Bantam.
Técnicas para calmar a los bebés cuando lloran.

Leach, Penelope. *Your Baby and Child from Birth to Age Five.* Revisado, 1977. 560 págs., $20. Alfred P. Knopf, 400 Hahn Road, Westminster, MD 21157. 800/733-3000.
Un libro hermosísimo repleto de información, muchas fotos a colores y bellas ilustraciones. Guía comprensiva, autorizada y notablemente sensible para la atención y el desarrollo de los niños.

Lindsay, Jeanne Warren. *Teen Dads: Rights, Responsibilities and Joys.* 2001. 224 págs. Rústica, $12.95; encuadernado, $18.95. Cuaderno de trabajo, $2.50. *Comprehensive Curriculum Notebook,* $125. Morning Glory Press.
Libro práctico de crianza especialmente para padres adoles-centes. Ofrece ayuda desde la concepción hasta los 3 años del niño.

_____. *Your Baby's First Year.* 2004. *Challenge of Toddlers.* 2004. 224 págs. c/u. Rústica, $12.95; encuadernado, $18.95. Libro de trabajo, $2.50. *Comprehensive Curriculum Notebook,* $125 c/u. Morning Glory. En español: *El primer año del bebé.*
Libros prácticos sobre crianza especialmente para padres

*adolescentes. Numerosas citas de padres adolescentes que
comparten las experiencias que tienen con sus hijos.*

_____ y Jean Brunelli. ***Your Pregnancy and Newborn Journey.***
2004. 224 págs. Rústica, $12.95; encuadernado, $18.95. Libro de
trabajo, $2.50. *Comprehensive Curriculum Notebook*, $125. Morning Glory Press. En español: ***Tu embarazo y el nacimiento del bebé.***
*Guía de salud prenatal para madres adolescentes. Incluye un
capítulo sobre la atención del recién nacido y un capítulo
para padres.*

_____ y Sally McCullough. ***Discipline from Birth to Three.***
2004. 224 págs. Rústica, $12.95; encuadernado, $18.95. Libro de
trabajo, $2.50. *Comprehensive Curriculum Notebook*, $125.
Morning Glory Press.
*Guía para ayudar a padres adolescentes a prevenir problemas de
disciplina con los niños y a enfrentar los problemas cuando
ocurren.*

MELD Parenting Materials. ***Nueva Familia.*** Seis libros, todos con
versión en español y versión en inglés. ***Baby Is Here. Feeding Your
Child. Healthy Child, Sick Child. Safe Child and Emergencies.
Baby Grows. Baby Plays.*** 1992. $12 c/u. MELD, Suite 507, 123
North Third Street, Minneapolis, MN 55401. 612/332.7563.
*Libros de lectura fácil con muchísima información. Especialmente
para familias mexicanas y mexicoamericanas, pero excelentes para
cualquiera con limitadas destrezas de lectura. Pedir a MELD catá-
logo de otros materiales especiales para padres de edad escolar.*

Reynolds, Marilyn. ***Detour for Emmy.*** 1993. 256 págs. Rústica, $ 8.95.
Morning Glory Press.
*Novela premiada sobre una madre de 15 años. Una narración que
absorbe, favorita de mamás adolescentes. Ver **Too Soon for Jeff**,
novela sobre un padre adolescente reacio, y **Baby Help**, otra novela
sobre padres adolescentes, ambas de Reynolds.*

Wiggins, Pamela K. ***"Why Should I Nurse My Baby?"*** and ***Other
Questions Mothers Ask about Breast Feeding.*** 2001. 58 págs.
$5.95, con descuento por cantidades grandes. Noodle Soup, 4614
Prospect Avenue, #328, Cleveland, OH 44103. 216/881-5151.
*De lectura fácil, una discusión completa sobre dar el pecho.
Formato de preguntas y respuestas. Pedir también **Baby First**
folleto, en la misma fuente.*

Índice